채지충의 만화로 보는 동양철학
5

옮긴이 이신지
이화여자대학교 중어중문학과를 졸업했다.
중국인민대학교에서 중문학을 공부하고 번역 활동 등을 하고 있다.

漫畫道家思想 (Taoism in Comics)
Copyright ⓒ 2012 by Tsai Chih-Chung
Korean Translation Copyright 2024 by DULNYOUK Publishing Co.
This translation is published by arrangement with Locus Publishing Company through SilkRoad Agency, Seoul, Korea.
All rights reserved.

이 책의 한국어판 저작권은 실크로드 에이전시를 통해 Locus Publishing Company와 독점 계약한
도서출판 들녘에 있습니다. 저작권법에 의해 한국 내에서 보호를 받는 저작물이므로 무단 전재와 복제를 금합니다.

채지충의 만화로 보는 동양철학 · 5
노자 평화의 노래
ⓒ 들녘 2024

초판 1쇄	2024년 12월 31일			
지은이	채지충(蔡志忠)			
옮긴이	이신지			
출판책임	박성규	펴낸이	이정원
편집주간	선우미정	펴낸곳	도서출판 들녘
기획이사	이지윤	등록일자	1987년 12월 12일
편집	이수연·이동하·김혜민	등록번호	10-156
디자인	하민우	주소	경기도 파주시 회동길 198
마케팅	전병우	전화	031-955-7374 (대표)
경영지원	김은주·나수정		031-955-7384 (편집)
제작관리	구법모	팩스	031-955-7393
물류관리	엄철용	이메일	dulnyouk@dulnyouk.co.kr

ISBN	979-11-5925-914-2 (07150)
세트	979-11-5925-907-4 (07150)

값은 뒤표지에 있습니다. 잘못된 책은 구입하신 곳에서 바꿔드립니다.

채지충의 만화로 보는 동양철학 · 5

노자

평화의 노래

채지충(蔡志忠) 지음 · 이신지 옮김

들녘

서문

바람을 타고 살아가는 인생

채지충

인생의 목적은 무엇일까요? 사람들은 대개 큰 뜻을 세워 일하고 대업을 이루는 것이 인생의 목적이라고 생각하기 때문에 이렇게 말합니다.

"있는 힘을 다해 노력하는 것은 고통스럽지만,
성공한 후에는 큰 즐거움을 누릴 수 있다."

"배움은 고통스럽지만, 학업을 이룬 후에는 큰 즐거움을 누릴 수 있다."

"일은 겨울과 같아 고통스럽지만 성과를 누리면 즐겁다.
봄이 오면 흥겹고 즐겁지 아니한가."

인생의 과정이 정말 모두 그럴까요?
　연애는 고통스러운 것이고, 고통의 연애 과정을 거치고 나면 결혼 이후는 즐겁다는 말일까요? 아닙니다. 연애하는 중에 일 분 일 초도 즐거움을 느끼지 못하면 결혼 이후 행복한 날은 없을 것입니다. 장자의 「열어구」편에 나오는 이야기처럼, 만약 용(龍)을 잡는 검술인 '도룡검법'을 배울 때, 배우는 즐거움을 느끼지 못하고 오직 열심히 배우는 마음만 가지고 고통스럽게 검술을 배운다면 다 배운 후에는 세상에 용이 없다는 사실을 결국 알게 될 것입니다.
　그렇다면 인생의 목적은 무엇일까요?
　인생의 전 과정에서 제가 개인적으로 가장 중요하게 생각하는 것이 있습니다.

독서는 책을 읽는다는 것이 좋고,
배움은 배움이 좋다.
직장에 다니면서는 일하는 것이 좋고,
퇴직하면 퇴직해서 좋다.
말단직원이 되면 말단직원이 되어서 좋고,
사장이 되면 사장이 되어서 좋다.
눈이 오면 눈이 오는 정취가 좋고,

봄바람이 불면 따뜻해서 좋다.
어디든 어떤 상황이든지 좋은 것이 반드시 따르네,
겨울은 봄 소식이요,
낮과 밤이 좋은 날이고,
가는 곳곳마다 좋은 방향이니,
진정 이런 것들을 수시로, 속속들이, 곳곳에서 느낄 수 있는 인생!

이것이 바로 '신(神)'의 생활 태도이며, 선종사상의 정수도 대부분 도가(道家) 사상에서 나온 것입니다.
  노자, 장자, 열자는 도가의 3대 대표자이며, 도가의 글은 사람은 자연에 순응하고 낙천지명(樂天知命)하며 참된 자아를 구해야 하고, 공허한 명리에 얽매이지 말고 초연히 달관하고 떳떳한 태도로 살아가야 하며, 쉬지 않고 수명, 명예, 직위, 물질을 위해 짧은 생을 괴롭히지 말라고 합니다.
  저는 열다섯 살 때 만화를 평생 가야 할 길로 삼겠다고 다짐했습니다. 만화는 제 취미이기 때문이었습니다. 만화를 그려서 가난하여 매일 라면만 먹고 살아갈지언정, 절대 후회하지 않습니다. 지금까지 수십 년이 지나도록 처음 결심을 의심한 적이 없습니다.
  제 마음은 결코 외부 물질의 유혹에 흔들리지 않았고, 세상의 모든 기준도 제게는 중요하지 않았습니다. 득(得)이 되냐 실(失)이 되냐가 중요한 게 아니라, 지금 당장 내가 좋아하는 일을 하는 게 중요했습니다.
  책상에 앉기만 하면 작업 속에 몸을 던져, 종이와 붓과 내가 하나가 되었습니다. 그 속에서는 종이가 없어지고 펜이 없어졌지요. 스스로가 없어지는 것은 마치 눈이 귀와 같아지고, 귀는 코, 코는 입과 같아지는 것과 같습니다.
  정신을 모아 형체를 없애고, 뼈와 살이 모두 융해되고, 그 형체에 의지하고 있다는 사실을 무의식 속에도 잃으니 마치 마른 나뭇잎이 바람을 따라 동쪽에서 서쪽으로 흐르는 듯하고, 바람이 나를 타고 있는지 내가 바람을 타고 있는지요?
  장자 「달성」편에 나오는 문장을 바꾸어 쓰자면 이렇습니다.

'비록 하늘과 땅이 크고, 만물이 많지만
그 위를 날아다니는 것은 만화 말고 그 무엇이 있는가?'

'내가 세상을 그대로 받아들인다면,
모든 만물을 만화로 만드는 종이와 붓이 없다 할지라도
하지 못하고 얻지 못할 것이 그 무엇인가!'

목차

서문   4

노자   9
생명의 지혜   10
노자는 용과 같다   14

도   20
말로 표현할 수 있는 것은 진정한 도가 아니다   21
천하가 다 아름답다 하니 아름다운 줄 알지만 사실은 추한 것이다   25
현명한 사람을 숭상하지 않으면 백성들은 다투지 않는다   27
도는 공허하고 깊은 연못과 같다   29
하늘과 땅의 위대한 작용   30
천지의 근원   32
천지는 영원하다   33
물을 본받으면 다툼이 없어진다   34
무리하지 않고 자연에 순응하는 것이 하늘의 도를 따르는 것이다   36
하나되는 경지   38
만물의 존재 근원에는 무가 있다   39
감각과 관능을 모두 충족하면 행복할까?   41
귀중한 것   43
도는 형체가 없지만 모든 존재의 근원으로서 존재한다   45
도를 깨달은 사람   47
마음을 비우고 고요함을 지키라   50
무위 자연의 원칙에 따라 정치를 하면 백성은 신뢰하고 따른다   52
세상으로부터 칭찬받는 인의·지혜·효자·충신의 가치   54
순수한 소박함을 잃으면서 타락하기 시작한 가치관들   56
쥐꼬리만 한 학문으로 감히 무위자연의 도를 평하지 마라   57
큰 덕의 모습은 오직 도만을 좇는다   59
굽어야 온전하고 구부러지면 펴진다   61
사나운 바람은 아침을 넘기지 못한다   63
인위적인 것은 깡그리 버리고 있는 그대로 자연스럽게 행동하라   66
만물을 만물답게 하는 무언가   68
자연의 도리는 모든 사물과 학문에 적용된다   70

교만은 인간을 패망의 늪에 빠뜨린다	72
시냇물이 모여들듯이 사람들이 모여들게 하는 지혜	75
천하는 매우 신묘한 것	78
힘에 의지하여 억지를 부리고 무리를 강행하면 무슨 일이든지 오래가지 못한다	80
인류의 어리석고 잔혹한 행위 중 전쟁보다 더한 것이 없으니	82
도는 자연 그 자체	84
내면의 자기를 늘 볼 수 있어야 한다	86
이 천지에 도가 미치지 않는 것이 있겠는가?	88
도를 지키면 천하가 그에게로 온다	89
강함	90
부드러움이 강함을 이기는 오묘한 이치	91

덕	92
인의예지 위에 덕이 있고 그 위에 도가 있다	93
도는 유일한 존재이며 하나라고도 한다	95
도의 운행과 작용	99
가장 큰 모습은 보이지 않는다	100
도는 모든 것의 근원	104
물은 무엇보다 부드럽지만 어떤 단단함도 허물어버린다	105
생명보다 귀중한 것은?	106
완전한 것은 이지러져 보인다	107
만족할 줄 알면 전쟁은 없을 것이다	109
문밖에 나가지 않고도 천하를 안다	111
친히를 취히는 데도 무위의 효과는 위대하고 절대적이다	112
이상적인 정치	113
삶에 집착하면 집착할수록 생명의 위협은 가까이 다가온다	114
도와 덕이 만물을 길러내는 모습	117
온갖 욕심에 가려 흐려진 선량한 천성을 되찾는 법	119
큰길을 걸어라	121
도를 닦는다	123
갓난아이는 도에 가장 가까운 존재다	125
아는 자는 말하지 않고 말하는 자 알지 못한다	128
법이 삼엄할수록 도적이 들끓는다	129
성인은 자기 입장만 옳다며 남을 억압하지 않는다	131
사람을 다스리고 하늘을 섬기다	133
나라를 다스리는 것은 생선 굽기와 같다	135

힘 있는 사람이 자기를 낮추어 겸손하면 전체의 균형과 평화를 유지할 수 있다	136
천하에서 가장 귀한 것은 도다	138
천하의 어려운 일은 쉬운 데서 시작한다	140
큰일을 이루기 위해서는 한 걸음씩 착실하게 나아가야	142
지혜로 다스림은 나라의 해독이요 순박함으로 다스림은 나라의 복이다	144
성인은 백성 앞에서 항상 머리 숙여 겸손하기 때문에 지지를 얻는다	146
세 가지 보배	147
훌륭한 장수는 용맹을 드러내지 않는다	149
진정 강한 사람은 다투지 않고도 상대를 제압한다	150
나의 말은 쉬운데도 천하에 아는 사람이 없다	152
자기의 무지를 자각하는 것이 성인의 모습이다	154
가혹한 정치와 형벌은 반란과 혁명을 불러 일으킨다	155
부드러움이 강함을 이긴다	157
백성이 죽음을 겁내지 않으면 어찌 두렵게 하겠는가?	159
착취와 탄압은 정치적 혼란의 근원이다	161
유연한 것은 생명력의 발휘이며 굳세고 경직한 것은 쇠퇴하여 죽어가는 것이다	162
남는 것으로 부족한 것을 채우다	164
세상에 물보다 약하고 물보다 강한 것은 없다	166
하늘의 도란 관용으로 모든 사람과 일을 헤아리는 것이다	167
순박한 작은 촌락의 나라가 이상적이다	168
하늘의 도는 만물에 이익을 준다	171

사람들이 말하는 노자경   173

도의 정의 _도덕경 제1장	174
이름을 설명하자면 _도덕경 제1장	176
가장 훌륭한 통치자 _도덕경 제17장	177
도의 본성 _도덕경 제25장	178
덕을 쌓으려면? _도덕경 제38장	179
제일 비참한 재앙은 전쟁이다 _도덕경 제46장	180
금하는 것이 많아지면 백성이 가난해진다 _도덕경 제57장	181
가장 뛰어난 장수 _도덕경 제68장	182

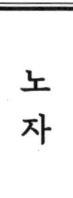

생명의 지혜

고대로부터 전해져 온 가르침은 보통 이런 내용이다.

사람은 부드러우면 안 되고 강해야 하며 어리석어서는 안 되고 총명해야 한다!

노자(老子)는 중국 역사상 최초로 그런 통념을 깨뜨린 사람이다.

사람은 온유하고 어리석어야 하며, 활동적이지 않고 사심 없고, 욕망이 없이 순수하고 자연스러워야 한다.

사람들은 강한 게 좋다고···.

강한 것은 쉽게 부러지지만, 부드러운 것은 오래 간다.

노자는 용과 같다

2500여 년 전,
세계의 고대 문명국가들은
찬란한 문화를 꽃피웠다.
뛰어난 학자와 사상가도 많이 나왔다.
고대 그리스의 철학자
아리스토텔레스와 소크라테스,

불교를 창시한
인도의 석가모니

그중에서
유가, 도가, 묵가, 법가의
영향이 가장 컸는데,
도가(道家)를 창시한 사람이
바로 노자이다.

중국 동주(東周) 말기인 춘추전국시대의
제자백가(諸子百家)가 그들이다.

묵(墨) 잡(雜) 종횡(縱橫) 도(道) 명(名) 음양(陰陽) 법(法) 유(儒) 농(農)

도

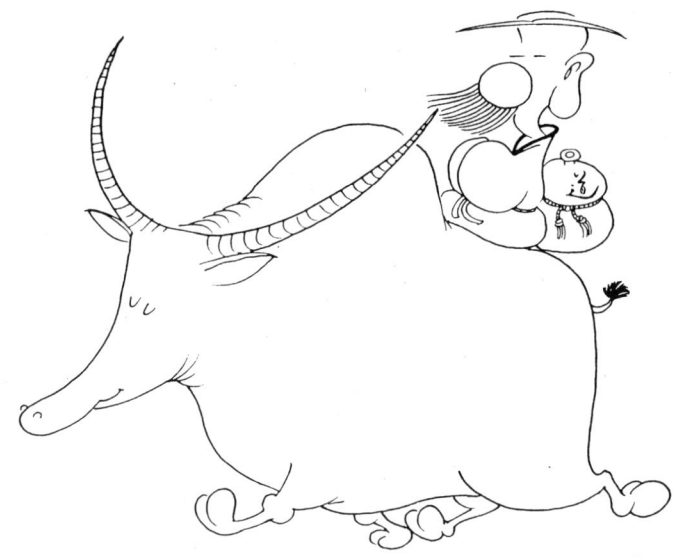

말로 표현할 수 있는 것은
진정한 도가 아니다

도는 말이야.
이렇고 저렇고….

그렇군요.

도는 만물의 이치를
포함하고, 형상도 소리도
실체도 없으며,
영원히 변하지 않소.
이런 이치는 말이나 글로
설명할 수 없는 것이오.

틀렸소.
명확하게 설명할 수 있다면
그건 도가 아니오.

무와 유는 도의 본체다.
도의 작용으로 함께 도에서 하나씩 나온 것으로
단지 이름만 다를 뿐, 같은 것이다.

두 가지 모두
현묘하고 현묘하도다.

그것이 바로
우주만물의 창조와 생성의 근원인
도인 것이다.

우주의 본체는 무(無)이다.
무에서 천지가 생기고
천지에서 만물을 비롯한
온갖 모습의 세계가
형성되는 것이다.

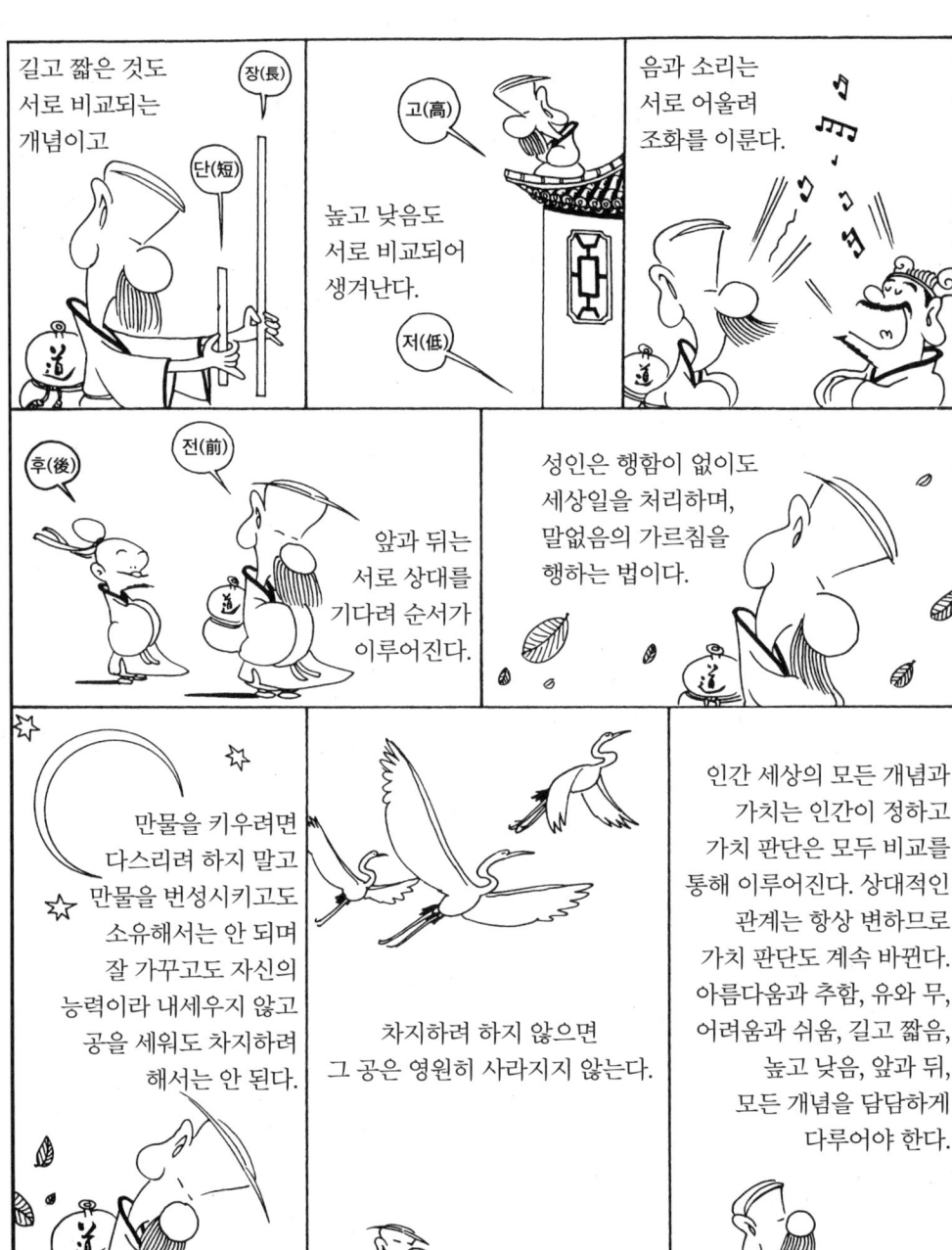

귀하다고 하는 물건을 귀하게 여기지 않으면 백성들은 도둑질할 마음을 먹지 않는다.

명예
명예와 이익을 욕심내지 않으면 백성들의 마음은 혼란스럽지 않다.

따라서 성인은 정치할 때 백성들이 마음을 비우게 하고, 그 주린 배를 채워주며, 헛된 욕망을 내려놓게 한다. 즉 백성의 몸과 마음을 강하게 해준다.

거짓과 탐욕을 멀리하게 하고, 잘난 체하는 이들이 날뛰지 못하게 해야 한다.

이같이 자연의 순리를 따라가며 사심없이 정치하면 나라를 잘 다스릴 수 있다.

명예와 지위는 다툼을, 재물은 탐욕을 일으킨다. 그러니 속임수가 끝없이 나타나서 사회 혼란의 주요 원인이 되는 것이다.

**도는
공허하고 깊은
연못과 같다**

도는 텅 비어 있지만,
그 작용은 무궁무진하다.

나는 그것이
어디에서 나온 것인지 모르지만
창조주보다 더 앞서는 것 같네.

끝없이 깊은
연못 같은 도는
만물을 생성하는
근원이다.
비록 눈에 보이지 않아
형체가 없는 듯하지만
실체이다.

도는 텅 비어 있다.
비어 있지만
그 속에 무궁무진한
창조의 요소가
숨어 있다.
따라서 그것의
작용은 무궁무진하다.
이 텅 빈 도가 바로
만물의 근원이다.

하늘과 땅의 위대한 작용

천지는 공평하고 사심이 없어
세상 만물을 짚으로 만든 개 대하듯
무심하게 여긴다. 사랑도 미움도 없다.

성인도 천지와 마찬가지로 공평하고
사심이 없이 백성들을 짚으로 만든 개 대하듯
똑같이 여겨 사랑도 미움도 없다.

천지간은 풀무와 같다. 가운데는 비어 있지만
비어 있기 때문에 만물이 생겨나고 변화할 수 있다.

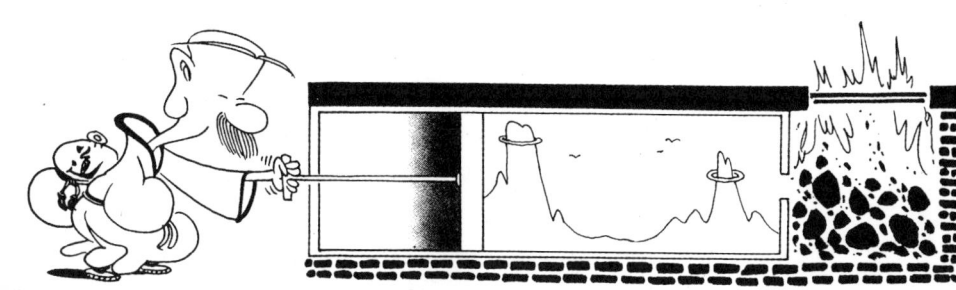

이것으로 보아,
많은 일을 하고 많은 시설을 만들면
오히려 착오와 실패가
따른다는 것을 알 수 있다.

큰 도가 만물을
생성하는 것은 순전히
자연에 맡겨서 공평하게
하기 때문이다. 임금의
다스림 역시 그런 정신을
본받아 언행을 삼가고
백성과 어울린다면
사회는 자연히 편안하리라.

차라리 순수함을
유지하며 아무것도 하지 않고
아무 말도 하지 않는 게
더 좋다.

천지의 근원

도는 언제나 어디서나 존재하는 것으로 천지만물을 생산한다. 그래서 불가사의한 생명력인 현빈(玄牝)이라 불린다.

현빈의 모든 문이 하늘과 땅의 근원이 된다.

그것은 보이지 않지만 영원히 존재한다….

그 작용이 끝없고 무궁무진하다.

천지는 영원하다

성인은 늘 겸허하고 양보하지만 그럴수록 사람들의 숭배를 받는다.

천지가 영원한 이유는 그 모든 운행과 작용이 자기를 위함이 아니기 때문이다.

어떤 일이든 이해득실을 따지지 않아서 득을 보게 된다.

이것이 바로 스스로 사심을 버림으로써 자신을 완성하는 길이다.

겸허하게 양보하는 마음으로 살면 뭇 사람들의 사랑을 받는다. 남을 먼저 배려하면 어느새 자신의 이상을 이룰 것이다.

물을 본받으면 다툼이 없어진다

도와 덕의 이치를 깨친 사람은 물과 같다.

물에는 세 가지 특성이 있으니

첫째는 만물을 키우고

둘째는 본성이 부드러워서 자연에 순응하며 다투지 않는다.

셋째는 낮은 곳으로 흘러가기를 좋아한다.

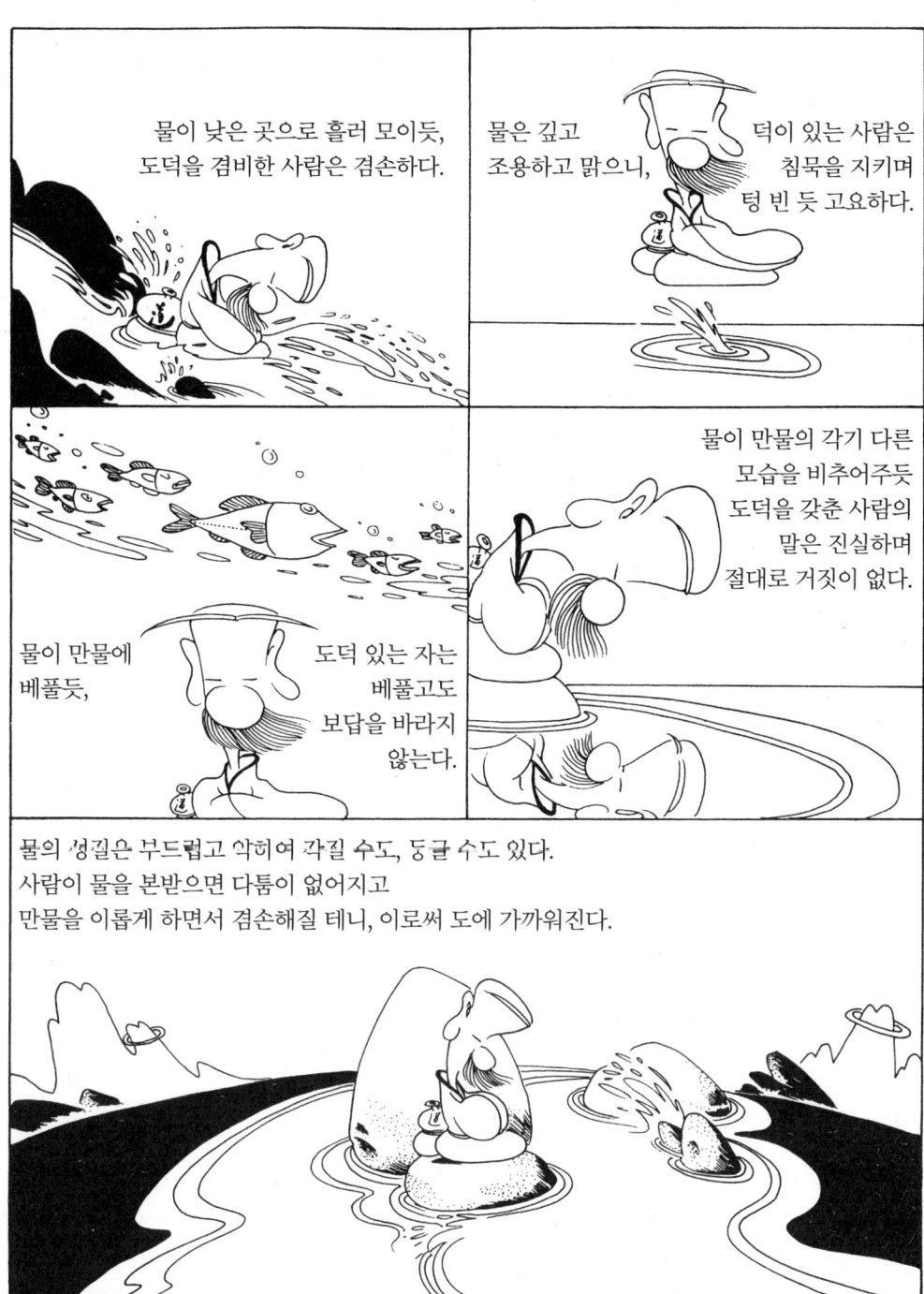

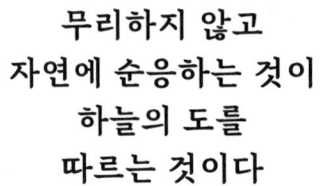

무리하지 않고
자연에 순응하는 것이
하늘의 도를
따르는 것이다

어떤 그릇이라도 물을 지나치게 많이 부으면 흘러 넘치기 마련.

됐소. 적당하오.

칼과 송곳은 쓸 수만 있게 갈면 된다. 너무 예리하게 갈면,

본체가 약해져 쉽게 부러진다.

재물이 너무 많으면 남들이 호시탐탐 노린다.

마음 놓고 방탕한 생활을 하여
그 많던 재물을 잃게 된다.

끝장이야!
한 푼도
없네.

그러니 사람이 성공한 후에는
용감하게 물러나야 할 것이다.
그것이 자연의 도리에 맞는 처사다.

하늘이 만물을 만들고
태어나게 했지만,
그것을 소유하지도 의지하지도 않고
공치사를 하지 않는 것처럼….

하나되는 경지

마음속 도를 잘 지키면 정신과 몸이 따로 놀지 않고 하나되는 것이 아닌가?

타고난 본능에 충실하면 갓난아이처럼 부드러워지지 않겠는가?

현명함을 자랑하지 않으면 마음의 티끌도 없게 되는 것이 아닌가?

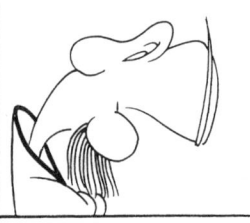

백성을 사랑한다면 무위로 다스릴 수 있지 않나?

외부세계의 자극에도 항상 고요할 수 있지 않은가?

온 사방에 지혜가 비추지 않는 곳이 없는데도 어찌하여 억지로 만들어내 비추고 싶어 하는가?

생활은 반드시 모습과 정신이 하나되어야 한다. 도를 지킬 수 있으면 육체 생활과 정신이 조화로운 상태에 도달할 수 있다.

만물의 존재 근원에는 무가 있다

사람들은 유(有)의 쓰임에만 집착하여 무(無)를 경시한다.

그러나 무의 쓰임은 유보다 훨씬 많다.

서른 개의 바퀴살이 바퀴통으로 모이지만 그 바퀴통은 비어 있기에 바퀴가 굴러가는 것이다.

무(無)

이 잔도 그렇다.

안이 비어 있기 때문에 물을 담을 수 있지 않은가?

무

유

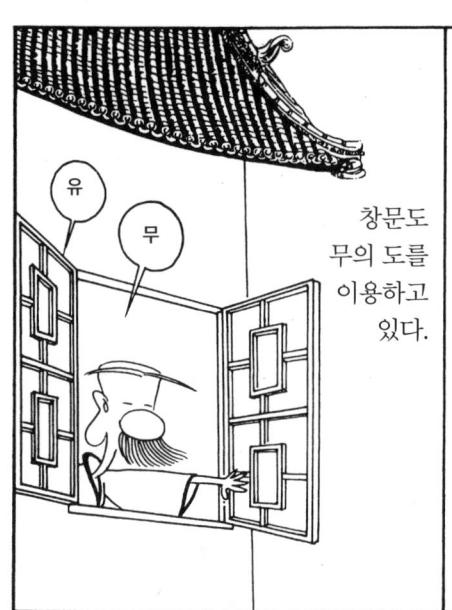

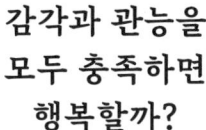

감각과 관능을 모두 충족하면 행복할까?

사람이 살아가는 데 필요로 하는 것은 얼마 안 되지만 그 욕심은 끝이 없다.

화려한 볼거리를 즐기다 보면 눈이 어두워지고

지나치게 좋은 소리에 집착하다 보면 귀가 멀게 된다.

너무 시끄러워서 안 들려!

다양한 맛을 지나치게 좇다 보면
미각을 잃어 입맛조차 잃어버리고

즐거운 놀이에만
빠져 있으면
마음이 불안하고
넋이 나가고

금은 보화를 너무 탐내면
결국 덕을 거슬러 몸을 버리고
이름을 더럽히게 된다.

욕망의 바다는 너무 깊어서
버리지 못하면 빠져 죽는다.
절제 없이 과분한 욕망을
추구하면 만족과 편안함은
사라지고 도리어 고통만
느끼다가 스스로를 잃게 된다.

그래서 도를 깨달은 성인은
검소한 생활을 하고
감각적인 쾌락을
즐기지 않는다.
사치와 부귀를
구하지 않고
소박한 생활을 바랄 뿐이다.

귀중한 것

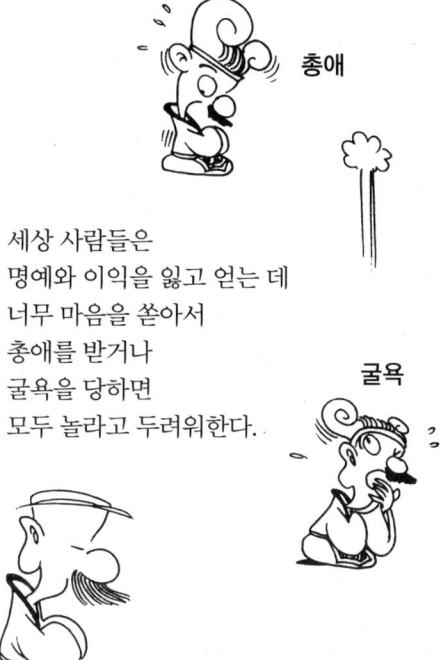

총애

굴욕

세상 사람들은
명예와 이익을 잃고 얻는 데
너무 마음을 쏟아서
총애를 받거나
굴욕을 당하면
모두 놀라고 두려워한다.

사람들은 윗사람에게 총애를 받아야만
고상하고 고귀하게 살 수 있다고 생각하고
그걸 잃어버릴까 걱정하기 때문이다.

늘 큰 재난이 닥칠까
두려워하기도 한다.
왜 그럴까?

굴욕은 천하고 낮은 것으로 창피하다고 느끼기 때문에 두려워한다.

우리는 큰 고난이 닥치면 자기 탓을 하게 마련이다.

그러니 자신을 잊어버린다면 무슨 고난이 있겠는가.

그래서 자신을 희생해 천하를 위해 일하는 사람에게는 천하를 맡길 수 있다.

사람은 이타적이어야 한다. 삶과 죽음을 넘어서면 그 어떤 총애나 불명예와 축복도 그의 의지를 흔들지 못할 것이다.

도는 형체가 없지만 모든 존재의 근원으로서 존재한다

보아도 보이지 않음을 이(夷)라 하고

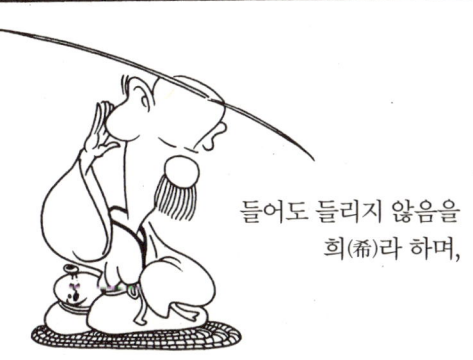

들어도 들리지 않음을 희(希)라 하며,

만져도 만져지지 않음을 미(微)라 한다.

도(道)는 색깔도 소리도 형체도 없으니, 그 모습을 헤아릴 수 없으며, 혼돈의 통일체다.

도를 깨달은 사람

예로부터 도를 깨달은 사람은 그윽하고 미묘하고 통달하여 일반 사람들은 이해할 수 없는 정신세계를 가졌다.

그것을 굳이 표현한다면…

그 신중함이 마치 겨울에 살얼음 낀 강 위를 건너는 것 같고

근심하고 경계하는 것이 사방에서 엿보는 눈을 두려워하는 듯하며

그의 사람됨과 일에 대한 대처는
장중하고 근신하여 마치 손님 같고

도를 닦고 덕을 추구하고, 욕심을
버리는 모습은 마치 봄날 눈 녹듯 한다.

그의 본질은 성실하여
아직 다듬지 않은 재료와 같고

마음은 넓고
겸손하여
스스로를 낮춰
마치 깊은
골짜기 같다.

그의 표현은 우둔하고 멍청해 보이나
마치 날카로운 칼날을 감추고 있는
탁하고 큰 강과 같다.

마음을 비우고 고요함을 지키라

사람의 마음은 본래 비어 있고 고요하다.

보석!

하지만 자주 탐욕에 눈이 멀어서

사물을 올바르게 보지 못하고 원래 모습을 잃어버리기도 한다.

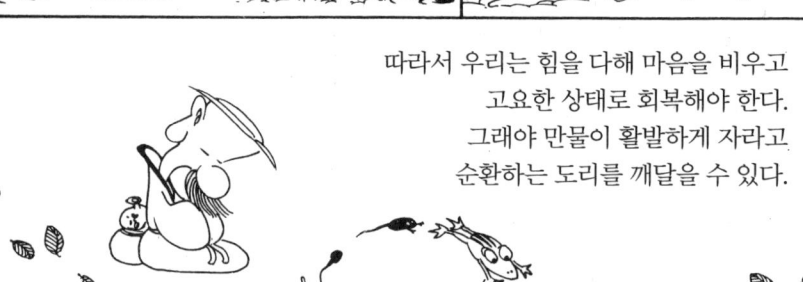

따라서 우리는 힘을 다해 마음을 비우고 고요한 상태로 회복해야 한다.
그래야 만물이 활발하게 자라고 순환하는 도리를 깨달을 수 있다.

만물이 얽히고 설켜도 각각 그 근본으로
돌아가는 것을 고요함이라 하고,
평상심이라 한다.
평상심을 이해하면 밝음이라 한다.
평상심을 이해하지 못하고
경거망동하면 해를 입게 된다.

평상심을
이해하는 사람은
모든 것을 포용하므로
너그럽고 공평하다.
자연에 순응하고
도와 일체가 된다.

대도와 하나가 되어야만 영원할 수 있고,
죽을 때까지 어떤 위험도 만나지 않는다.

마음을 비우고 고요히 지키면
사물의 이치를 환히 파악하고
만물이 변화하는 규칙을
통찰할 수 있다.
이렇게 자연의 오묘함을
깨달아야 도와 하나가
되는 것이다.

세 번째는 위압적으로
백성을 다스리고
형벌로 위협하는 임금이다.

우리 임금은
사납고 엄하고
정말 무섭다오.

네 번째는
권모술수로
백성을
우롱하고
거짓 계책
으로 백성을
속이는
임금이다.

임금이 백성에게
거짓말만 하니
들고 일어나기로
했소!

가장 훌륭한 정치는 인위적인 것이 아니라
자연스럽게 잘 다스리는 것이다.
그러면 백성들은 이 본성에 따라
아주 큰 이로움을 얻어서 평화롭게 살게 된다.
이렇게 가장 좋은 정치를 펼치고 있지만
백성들은 그걸 느끼지 못하고
그냥 자연히 이렇게 됐다고 한다.

뭐 저절로 됐어요!

정치란 우리 몸의 폐와 같다.
건강한 폐는 호흡하고 있음을
전혀 느끼지 못한다.
폐가 날마다 숨을 쉬고 있다고
느낀다면 그 폐는 병든 것이다.

나라가 깨끗할 때는 신하들이 각자 맡은
소임을 다하면 그만이었으며,
충신을 강조할 필요가 없었다.

나라가 혼란해지며 자기 직무를
제대로 수행하지 못하자 충신이 생겨났다.

인의, 지혜, 효자, 충신 등은
모두가 대도가 깨지고
순박함이 사라진 후에 생겼으니,
이런 것들이 나타났다는 것은
곧 도덕이 파괴되고
인심이 타락했다는 뜻이다.
이는 사회의 퇴보를 의미하며,
결코 진보가 아니다.

순수한 소박함을 잃으면서 타락하기 시작한 가치관들

총명과 지혜를 버리면 비로소 백성에게 백 배로 이익이 생기고

인과 의를 버려야 백성들이 효와 자애로움으로 돌아온다.

간교함과 사리사욕을 버리면 도적은 저절로 없어진다.

성지(聖智), 인의(仁義), 교사스러움, 이 세 가지는 모두 치장된 말뿐으로, 천하를 다스릴 수 없다.

그러므로 백성들이 따르게 하려면, 밖으로 순진하고 안으로 소박하며 사리사욕이 없어야 한다.

성지(聖智), 인의(仁義), 교사스러움[巧利]은 모두 사람이 만든 것이다. 사람에게 이익을 주지 못할뿐더러 오히려 큰 해를 불러올 수 있다. 진실한 본래의 모습으로 돌아가면 모든 거짓과 다툼이 저절로 사라진다.

쥐꼬리만 한 학문으로 감히 무위자연의 도를 평하지 마라

학문과 지식은 근심과 번뇌의 근원이다. 모든 학문과 지식을 끊으면 근심과 번뇌가 사라진다.

사람들은 욕됨을 피하고 영화만을 좇고, 선함을 취하고 악함을 버린다. 그러나 그 차이가 얼마나 되겠는가?

그렇지만 대도는 아득히 넓고 끝이 없어 세속과는 큰 차이가 있다.

하지만 나 역시 혼자 우뚝서서 뛰어남을 느러낼 수는 없다. 모두가 두려워하는 것을 나 역시 두려워하게 마련이다.

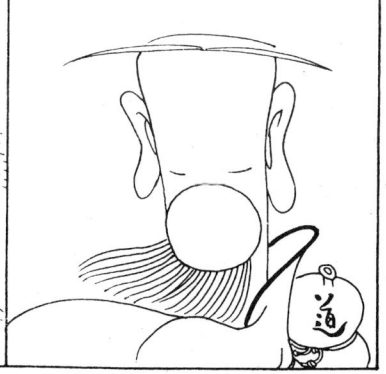

뭇사람은 저마다 푸짐한 잔칫상을 받는 것 같고, 봄날 누각에 올라 경치를 구경하면서 흥겨운 모습인데, 유독 나만이 홀로 웃을 줄도 모르는 갓난아이 같구나! 돌아갈 곳 없는 피곤한 모습이로다.

다른 사람들은 모두 여유가 있는데 나만 홀로 부족한 모습이니 내가 어리석고 바보 같은 마음을 가지고 있는 것인가?

사람들은 모두 밝고 빛나는데 나만 홀로 어둡고 암울한 듯하다.

사람들은 모두 똑똑해 보이는데 나만 홀로 아무것도 구별하지 못하고 흐리멍텅하구나.

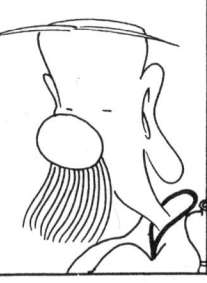

사람들은 모두 무언가 하는 것 같은데 나 홀로 어리석고 멍청하구나! 그렇지만 나와 그들의 삶은 다르다. 나는 도의 생활을 중시한다.

귀천(貴賤), 선악(善惡), 시비(是非), 미추(美醜)는 상대적이고 임시적일 뿐으로, 환경에 따라 변화한다. 사람들은 소리와 색과 이득에 목매지만, 삶이란 담백하고 아무것에도 얽매이지 않는 정신을 향상하려고 노력해야 한다.

**큰 덕의
모습은
오직 도만을
좇는다**

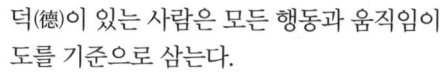
덕(德)이 있는 사람은 모든 행동과 움직임이
도를 기준으로 삼는다.

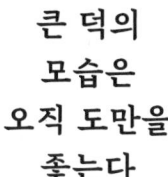

도란 없다가도 있고

차 있기도 하고
비어 있기도 하다.

잡을 수도, 볼 수도
없지만, 그 속에
우주의 형상을
갖추고 있으며
천지만물을 포함한다.

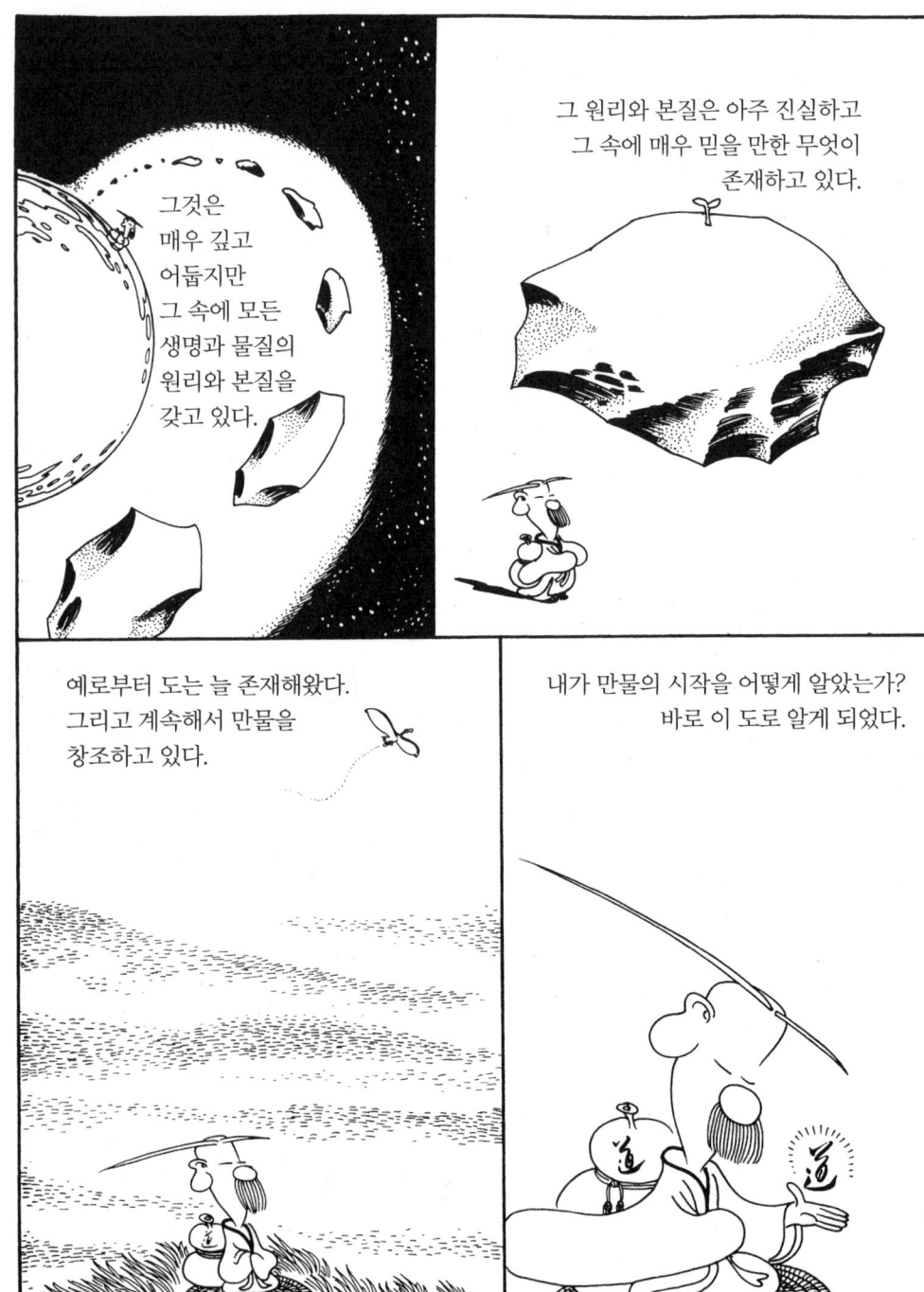

적게 취하면 많이 얻고 	많은 것을 탐하면 미혹에 빠지게 된다. 

그래서 성인은 도를 지키기를 천하를 다스리는 모범으로 삼았다.

스스로를 내세우지 않으면 도리어 뚜렷이 알려지고, 스스로 옳다 주장하지 않으면 도리어 뚜렷이 드러나고, 스스로를 자랑하지 않으면 도리어 공이 있게 되고, 스스로 긍지를 갖지 않으면 도리어 오랫동안 지속된다.

남과 다투지 않기 때문에 누구도 그와 다투지 않으니, 굽어야 온전할 수 있다는 옛사람들의 말이 어찌 빈말이겠는가?

보통 사람들은 항상 사물의 겉모습만 좇으며 완전함과 넘쳐나는 걸 구하기 때문에 다툼이 끊임없이 일어난다. 사람은 부드러움에 처하고 겸손하고 양보하여 다툼이 없는 경지에 도달해야 한다.

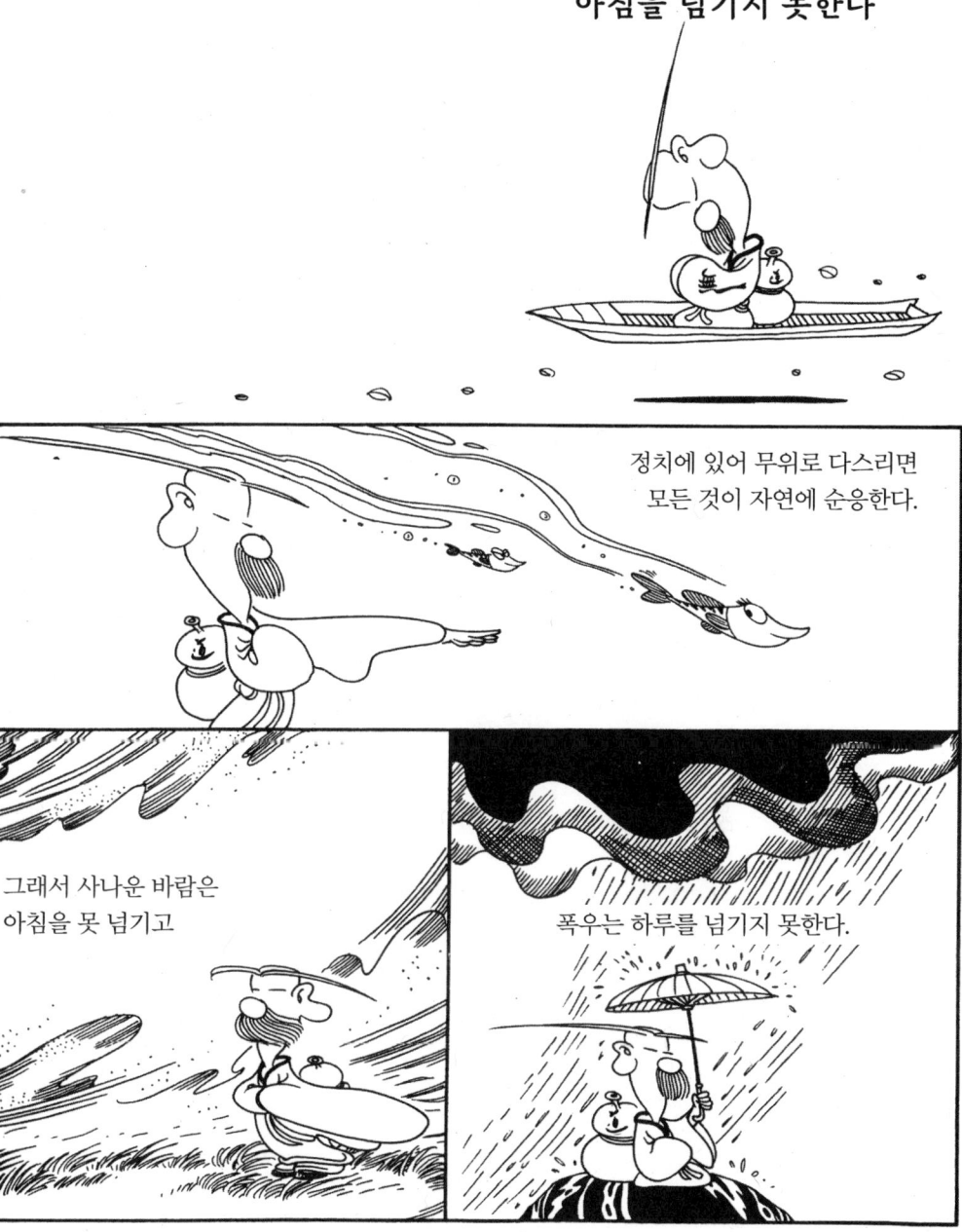

덕을 얻으면
덕도 그를 기꺼이
얻고자 한다.

부도덕한 사람이 있다면
부도덕도 역시 그를 얻으려 할 것이다.

형편 없군!

품위 없이.

정치하는 사람이 진실됨과 신뢰가 부족하면
백성들은 자연히 그를 믿지 않게 된다.

악!

정치는 자연에 순응하고 민의에 따라야지,
함부로 망령된 행동을 하거나
나쁜 짓을 저질러서는 오래가지 못한다.
천지가 일으키는 사나운 바람과
폭우도 오래가지 못하는데,
인간이 저지른 일이야 말할 나위 있겠는가?

인위적인 것은 깡그리 버리고 있는 그대로 자연스럽게 행동하라

발꿈치를 쳐들어 높이 서려 하면 제대로 서지 못한다.

두 걸음을 한 걸음으로 크게 디디면 도리어 빨리 갈 수 없다.

자신의 눈만 믿는 사람은 오히려 정확히 보지 못한다.

스스로 옳다고 여기는 자는 옳고 그름을 판단하지 못한다.

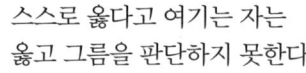

보시오. 내 문장이 얼마나 근사한지!

별것도 아닌데!

틀렸어.

내 판단이 무조건 옳소.

틀렸어.

만물을 만물답게 하는 무언가

혼연일체인 무엇인가가 있는데 그것은 하늘과 땅이 형성되기 앞서 생겼다.

소리도, 형체도, 외부의 힘에 의존함도 없이, 영원히 스스로 쉬지 않고 순환하며 운행한다.

그것은 분명 천하만물의 근본이나 나는 그 이름도 알지 못해, 글자로 써서 도(道)라 부른다.

도

그 형상을 억지로 묘사해보면
끝없이 광대하고 끊임없이 쉬지 않고
운행하므로, 못 닿는 곳이 없다.

그렇게 되면, 곧 원점으로 돌아와
다시 허무와 적막으로
돌아간다.

그래서 도는 크고 하늘도 크고
땅도 크고 사람도 크다고 말한다.
우주에는 네 가지 큰 것이 있는데
사람도 그중 하나다.

사람은 땅을, 땅은 하늘을, 하늘은 도를,
도는 자연을 법칙으로 삼는다.

도는 만물을 낳고 만물은 끊임없이 변하지만,
도만은 영원불변하여, 그 역할을 멈추지 않는다.
도가 만물을 창조하는 것은 다른 의도가 있어서가 아니다.
단지 자연에 순응하여 만물이 스스로 이어지길 바랄 뿐이다.
그래서 도는 천지를 포용하고 고금을 통하여
만물의 추대를 받는 것이다.

자연의 도리는 모든 사물과 학문에 적용된다

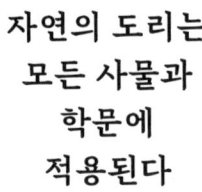

무거운 것은 가벼운 것의 뿌리이고,

고요함은 조급함의 스승이 된다.

그러므로 도를 깨달은 자는 하루 종일 걸어 다녀도 무거운 짐을 내려놓지 않고,

비록 화려하고 영화롭게 살더라도
태연하게 마음이 흔들리지 않는다.

그런데 한 나라의 임금이
경박하고 조급한 마음으로
천하를 다스려서야
되겠는가?

가벼우면 근본을 잃고,
조급해지면 고요함을 잃게 된다.

무거움은 가벼움을 다스리고,
고요함은 움직임을 제어한다.
나라를 다스리는 자는 자중하고
고요하게 위험에 대처해야 한다.
그래야 나라가 태산처럼 편안할 수 있다.
만약 경거망동하면 몸도 버리고
나라도 망할 것이다.

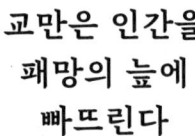

교만은 인간을 패망의 늪에 빠뜨린다

잘 걷는 자는 자취를 남기지 않고

말 잘하는 사람은 실수가 없다.

문단속 잘하는 자는 굳이 자물쇠가 필요 없다.

계산 잘하는 자는 주판이 필요 없고

묶기를 잘하는 자는 끈을 쓰지 않는데도 사람들이 풀지 못한다.

그래서 훌륭한 사람은 그 사람들의 재능을 다 쓰게 해서
버려지는 사람이 없게 하고,

또한 물건의 쓰임이 다할 때까지 써서 버려지는 물건이 없게 한다.

이렇게 행할 수 있으면
높고 밝은 도의 경지에 이르렀다 할 수 있다.

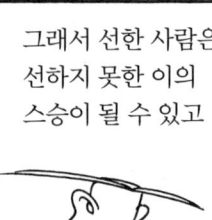
그래서 선한 사람은 선하지 못한 이의 스승이 될 수 있고

선하지 못한 이는 선한 이의 거울이 된다.

만약 선하지 못한 이가 선한 이를 존중하지 않는다면

선한 사람이 선하지 못한 사람을 거울로 삼지 않으면

비록 스스로 총명하다 해도 사실은 크게 어리석은 자다. 이런 이치는 얼마나 오묘한가!

성인은 자연 그대로 사람과 사물을 대한다. 착한 자나 착하지 않은 자 모두에게 똑같이 친절하게 대한다.

**시냇물이
모여들듯이
사람들이
모여들게 하는
지혜**

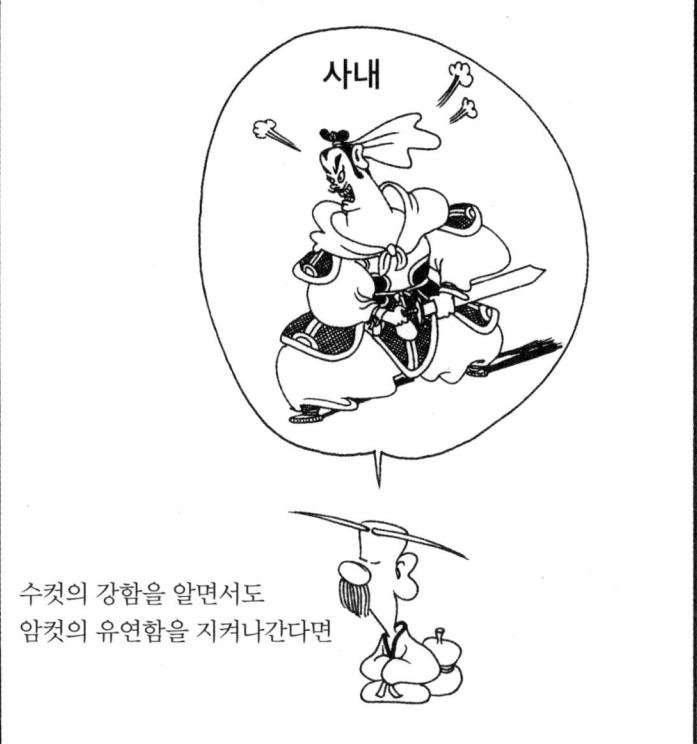

수컷의 강함을 알면서도
암컷의 유연함을 지켜나간다면

자연히 천하의 사람들이
모여드는 골짜기가 되고

천하의 골짜기가 되면,
덕이 떠나지 않아
자연 상태를 회복하여
마치 어린아이와 같은
인간 본연의 모습으로
되돌아오게 된다.

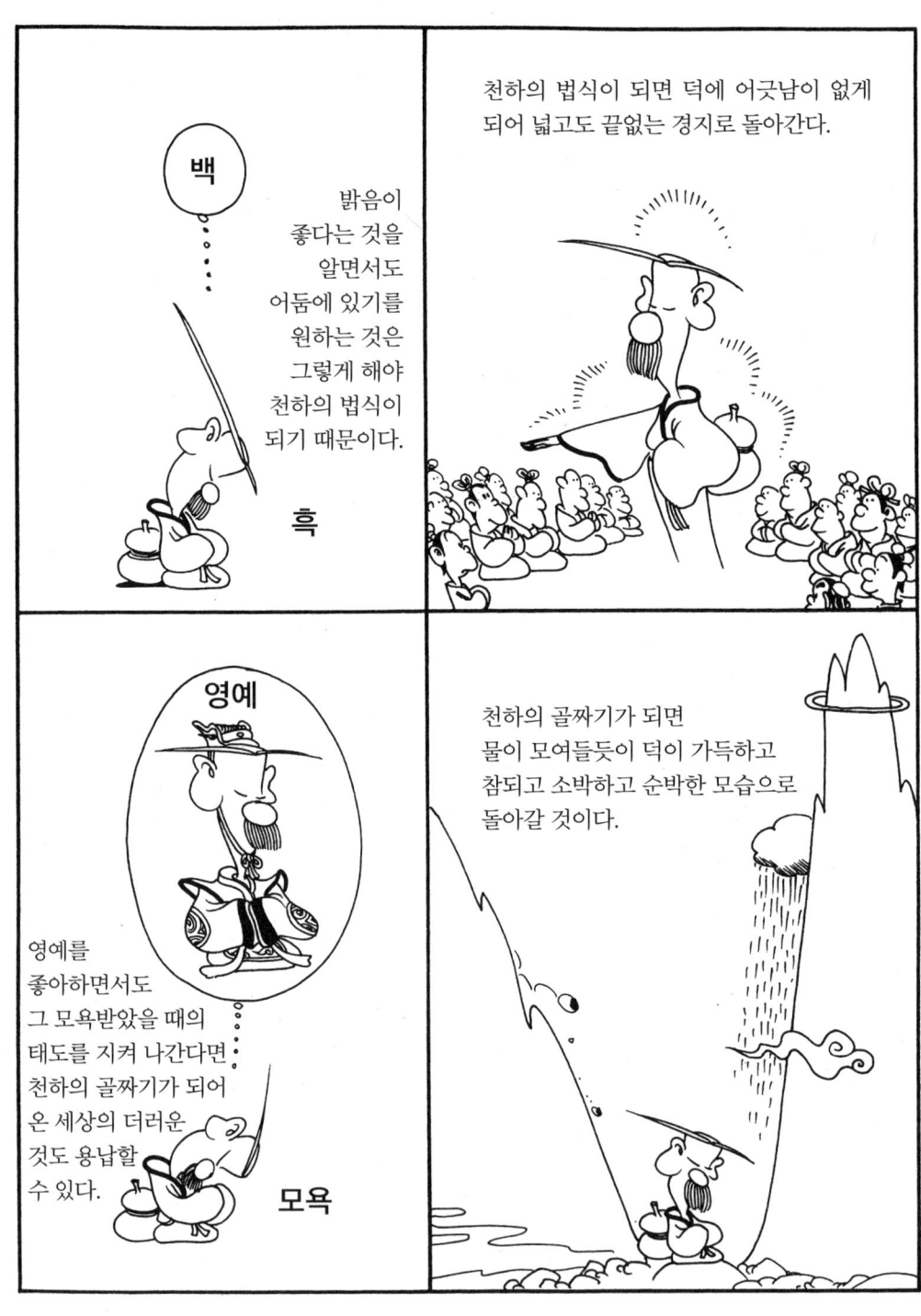

순박한 도가 분산되면 천하의 만물이 되고

성인이 그 순박함을 지키면 모든 벼슬아치의 영도자가 될 수 있다.

따라서 안정되고 선한 정치는 자연에 순응해야 하고 함부로 인위적으로 조작해서는 안 된다.

사람은 부드러움을 지키고,
자신을 낮추어 다툼이 없게 해야 한다.
정치가는 순박함을 지키며
무위로 다스려야 한다.
그러면 순박하고 다툼 없는 천하가 되어
사람들은 법 없이 싸우지 않고
어울려서 잘 살게 된다.

천하는 매우 신묘한 것

무력 등 강력한 방법으로 천하를 다스리려 한다면 도저히 통치할 수가 없다.

천하는 매우 신묘한 것이다. 억지로 취하려 발버둥치면 지킬 수 없다. 강력한 통치는 천하를 혼란케 할 뿐이다.

게다가 권력을 쥔 자도 반드시 천하를 잃고 만다.

사람은 각각 다른 성품으로 태어났다.
적극적인 사람, 소극적인 사람, 따뜻한 사람, 차가운 사람,
강한 사람, 약한 사람, 안전한 사람, 위험한 사람 등이 있다.

그러므로 성인이 천하를 다스림에 있어서는 인정(人情)에 순응하고 사물의 이치에 기댄다.

반드시 자연에 순응하고 무위로 다스리며 극단적인 것과 지나친 것을 배제한다.

세상의 사물과 사람은 서로 다른 속성을 갖고 있으니
정치가는 그 차이와 특수성을 발전시키되,
강제적으로 억압하면 안 된다.
이상적인 정치는 자연에 순응하며 과격한 조치나
폭력적인 행동은 일체 제거해야 한다.

힘에 의지하여
억지를 부리고
무리를 강행하면
무슨 일이든지
오래가지 못한다

도로써 임금을 돕는 자는 무력에 의존하여 천하를 다스리려 하지 않는다. 무력으로 사람들을 굴복시키면 보복당하기 쉽다.

군대가 머문 곳에는 가시나무가 무성해지고 큰 전쟁 뒤에는 흉년이 들게 마련이다.

용병에 능한 사람은 그 목적만 이룰 뿐 병력으로 강압하지 않는다.

목적을 이루고도 자만하지 않고
스스로 뽐내지 않으며 교만하지 않아야 한다.

어쩔 수 없이
목적을 달성한다 해도,
이루고 나서는 강압으로
군림하면 안 된다.

무릇 기세가 등등하면 곧 쇠약해지기
마련이니 서로 싸우며 강함을
과시하는 것은 도에 어긋난다.

도에
어긋나는 것은
곧 광풍이나
소나기처럼
빠르게
사라지고 만다.

인류의 어리석고 잔혹한 행위 중에 전쟁만 한 것이 없다.
전쟁에 진 자는 더한 상처투성이가 된다.
그러므로 군사를 일으킴에 있어 자랑하거나 뽐내지 않고,
남을 공격하지 않아야 한다. 부득이 군사를 일으킬 경우,
목적을 이루면 곧 멈춰야 한다.

인류의
어리석고 잔혹한
행위 중 전쟁보다
더한 것이 없으니

날카로운 병기는 불길한 물건이라 모든 사람이 싫어한다.

그래서 도를 지닌 자는 그것을 쓰지 않는다.

군자는 평소 왼쪽을 소중히 여기고

오른쪽은 작아요.

왼쪽은 크지.

병기를 사용할 때는 오른쪽을 귀하게 여긴다.

왼쪽이 작아요.

오른쪽이 커.

병기는 불길한 것으로,
군자가 사용하는 물건이 아니다.
어쩔 수 없이 사용할 때는
담담한 마음으로 써야 한다.
승리하더라도 자랑하지 말라.
자랑하면 살인을 즐기는 자요,
천하의 뜻을 얻을 수 없다.

죽여라! 죽여라!

길(吉), 좋은 일에는 왼쪽을 중시한다.
상(喪), 나쁜 일에는 오른쪽을 중시한다.

좌

전쟁 중 상장군을 오른쪽에,
부장군을 왼쪽에 두는 것은
전쟁을 초상집으로
여기기 때문이다.

우

사상자가 많으면 그들을
추모하고 슬퍼해야 하며
승리해도 초상의 예로
처리해야 한다.

喪

무력은 흉악한 재앙과
심각한 피해를 동반한다.
전쟁은 최후의 수단이어야
하며, 전쟁할 땐 담담한
마음으로 응하되,
목적을 달성하면 그 즉시
그쳐야 한다.

도는 자연 그 자체

도는 영원히 이름을 갖지 않는 순박한 상태다. 비록 은밀하고 작지만 그것을 부릴 수 있는 자는 세상에 아무도 없다.

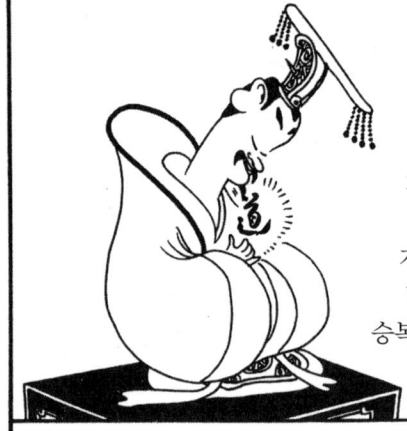

제후나 왕들이 도를 지니고 지킬 수 있다면 만물이 저절로 승복해 올 것이다.

사람들이 지시하고 통제하지 않아도 스스로 균형을 이룰 것이다.

천지의 음양의 기운이 합쳐지면 단비가 내리고

도가 만물을 창조하고 만물에는 이름이 생겼다.
이름을 얻은 뒤에는 곧 적절한 때에 멈출 줄 알아야 한다.

지위 재물 명예

적절한 때에 멈출 줄 알아야
위험하지 않다.

내 거야. 잘났다.

도.
…

도는 천하만물이 돌아가 의지하는 곳이며,
마치 온갖 계곡의 시내들이
강과 바다로 흘러 들어가는 것처럼
도는 만물이 모여드는 것이다.

도는 만물을 생성시켜 자연 속에서 길러낸다.
나라를 다스리는 사람이 하늘의 도리를 본받아
자연에 순응하고 사욕을 없애고
인위적으로 만들지 않고 만물을 각기 자연스럽게
그 자리에 있게 한다면 복종하지 않을 자가 없으리라.

내면의 자기를 늘 볼 수 있어야 한다

남을 아는 자를 지혜롭다 할지 모르지만,

자기를 아는 자야말로 밝은 사람이다.

남을 이기는 자를 힘 세다고 할지 모르지만,

이얍!

자기를 이기는 자야말로 진정 강한 자다.

끝장이야. 도저히 술을 못 끊겠어!

나는 지금 생활에 매우 만족하오.

만족을 알고 재물을 담담히 여기면 부유하다 할 수 있다.

도를 깨닫고 부지런히 힘쓰는 자는 뜻과 의지가 있다.

도를 근본으로 삼고 지키며 잃지 않아야 오래가는 것이다.

몸은 비록 죽어도 정신이 살아 있으면 오래 산다고 할 수 있다.

사람은 누구나 사리사욕에 빠져 있다. 이 이기적인 욕망을 없애려면 먼저 자기 반성부터 하면서 스스로 맑고 깨끗하게 비워야 한다. 만약 자신을 알고 자신을 이기며 스스로 만족하고 부지런히 나아간다면, 도를 얻었다고 말할 수 있다.

이 천지에 도가
미치지 않는 것이
있겠는가?

대도는 범람하는 물과 같아서 넘쳐 흐르면
이쪽 저쪽 어느 곳에나 닿는다.
만물이 그것을 의지하고 성장해도
주인으로 나서지 않고,
만물을 이루어내도
공을 내세우지 않는다.

만물을 양육하고도 다스리지 않으니
아주 작은 것이라고
이름할 수도 있으며

만물이 돌아와도 스스로 주인 노릇을
하지 않으니 위대하다 할 수 있다.

스스로 위대하다고
하지 않으니

비로소 그 위대함을
이룰 수 있다.

도가 만물을 키우고
각각 필요한 것을
얻게 한다.
주인 노릇하지 않는
정신은 통치자가
꼭 배워야 할
것이다.

**도를 지키면
천하가
그에게로 온다**

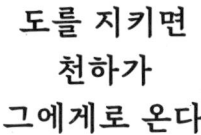

대도를 지키면 세상 사람들이 모두 모여든다.

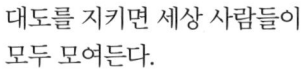

오고 가는 것이
서로 다치지 않게 하니
모두가 평화롭고 편안하게 지낸다.

음악과 맛있는 음식은
지나가는 나그네의 걸음을 멈춰 세운다.

도는 담담하고 맛이 없고,
보이지도 들리지도 않지만,
아무리 써도 다 쓸 수 없다.

인의예법으로 다스리는 것은
음악이나 맛있는 음식으로
사람의 눈과 귀, 입과 배를
채워줄 뿐이지만
도는 사람들의 마음을
흡족하게 한다.

강함

줄이고 싶으면 먼저 그것을 넓혀주고,
약하게 하려면 먼저 그것을 강하게 해주고,
없애려면 먼저 그것을 일으켜 세워야 하고,
빼앗으려면 반드시 먼저 주어야 한다.

이것은 명백한 이치다.
부드러움은 강한 것을
이기게 마련이다.

물고기는 연못을 뛰쳐나올 수 없다.
바로 말라 죽어버리니까.

부드러움은 나라를
다스리는 근본이다.
부드럽지 않으면
나라는 반드시 망한다.

권모술수와 형벌 등은
모두 흉악한 것이니
백성에게 써서는 안 된다.

사물이 극에 달하면
반드시 반대로 돌아가고
세력이 강하면 반드시
약해진다는 건 만고
불변이다. 통치자가
그 이치를 이해하고
제대로 적용하면,
부드러움으로
단단하고
강한 것을
이기게 된다.

부드러움이 강함을 이기는 오묘한 이치

도는 영원히 자연에 순응한다. 마치 아무것도 안 하는 것 같은데도 실제로는 하지 아니함이 없다.

제후나 왕이 이를 간직하고 지킬 수 있다면, 만물이 스스로 잘 길러질 텐데

스스로 자라다가 탐욕이 일어나면, 나는 도의 순박함으로 이를 누를 것이다.

樸

도의 순박함으로 다스리면 만물은 사욕이 없어져 깨끗해지고, 천하가 자연히 안정을 되찾는다.

통치자가 자연에 순응하며 사람들 스스로 발전케 하고 순박한 풍속을 길러주어야 사회가 안정된다.

덕

인의예지 위에
덕이 있고
그 위에
도가 있다

덕이 높은 사람은 스스로 덕을 의식하지 않으므로 덕을 갖게 된다.
"덕이 높다!"

덕이 낮은 사람은 덕을 베풀어야 한다고 의식하기 때문에 오히려 덕이 없다.
"자, 덕!"

인을 중시하는 사람은 어떤 일이든 자연스럽게 하지, 의도적으로 하지 않는다.
"인"

의를 중시하는 사람은 어떤 일을 의도적으로 행한다.
"의"

도덕적 수양은 도, 덕, 인, 의, 예, 지 등 여러 길로 나뉜다. 도에 합당한 사회가 되려면 자연 그대로에 맡겨야 한다. 사회를 유지하기 위해 예지(禮智)를 필요로 할 때는 거짓과 허위가 곳곳에서 일어나 상상하기도 어려운 혼란이 초래된다.

도는 유일한 존재이며 하나라고도 한다

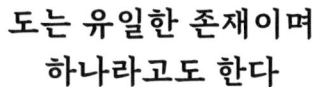

예로부터 하나를 얻게 된 정황은 이러하다.
하늘은 하나를 얻자 맑아지고

땅은 하나를 얻어 편안해지고,

신(神)은 하나를 얻어 신령해지고,

골짜기는 하나를 얻어 가득 찼다.

그래서 제후와 왕들은 스스로를 고(孤), 과(寡), 불곡(不穀)이라 칭하며 낮추었다. 이것이 귀함은 천함을 근본 삼는 것이 아닌가?

고
과
불곡

따라서 세상에서 가장 훌륭한 영예는 영예가 없는 것이다. 영예가 있으면 곧 영예를 깎아내림이 뒤따르기 때문이다.

아름다운 옥처럼 찬란하게 빛나 주목받지 않고

돌처럼 담담히 처신해서 사람의 관심을 끌지 않는다.

하나는 도에서 태어나 도를 대표할 수 있다.
천지만물은 모두 이 하나를 얻어야 그 위대함을 이룰 수 있고,
제후와 왕도 그것을 얻어야 고귀해질 수 있다.
그러나 어떤 고귀함도 그 뿌리와 바탕은 천함에 있으며
천함이 바탕이 되어야 고귀함을 이룰 수 있다.

도의 운행과 작용

도의 운행은 반복 순환하며 쉬지 않고 움직이면서 끝없이 이어지는 생명을 만들어낸다.

도의 작용은 부드럽고 약하며 겸손하게 낮추는 것이다.

천하만물은 유(有)에서 만들어진다.

有

그리고 유는 무로부터 나온다.

無

무는 도의 본체요, 유는 도의 작용이니, 사람은 무위(無爲), 무사(無事), 무지(無智), 무욕(無欲), 무아(無我), 무사(無私)해야 도의 최고 경지에 도달할 수 있다.

**가장 큰 모습은
보이지 않는다**

최고의 선비가 도를 들으면 부지런히 그것을 실행하고

중간급 선비가 도를 들으면 반신반의하며,

하급 선비가 도를 들으면 크게 웃는다.

하! 하! 하!

바로 그 웃음소리가 도는 높고도 깊은 경지임을 보여준다.

당신 같은 사람도 알아들으면 그것은 도가 아니지.

그래서 옛날부터 이런 말이 있었지.

도……

가장 큰 소리는 들리지 않으며

가장 큰 모습은 보이지 않는다.

대도는 감추어져 이름이 없다.

오직 도가 있어야 만물을 창조하고 길러낸다.

도는 속과 겉이 완전히 다르다.
도와 덕이 나타나는 특징은 일반적인 상황을 벗어나며
다만 최고의 선비만이 이를 이해할 수 있으니,
보통 사람들은 들어도 무슨 의미인지 깨닫지 못한다.

도는 모든 것의 근원

도는 만물창생의 원리이고, 만물창생의 순서는 도에서 일종의 기(氣)를 만들어낸다.

그 기는 다시 음(陰)과 양(陽)으로 나뉘고

음과 양의 기운이 서로 교차하여 적절한 조화를 이룬다.

만물은 바로 이 상태에서 탄생한다.

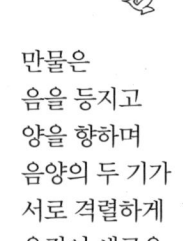

만물은 음을 등지고 양을 향하며 음양의 두 기가 서로 격렬하게 움직여 새로운 조화물을 만든다.

도가 만물을 만들어내니, 만물은 탄생한 뒤에도 도의 정신을 지키고 도에 따라 행해야 한다.

물은
무엇보다
부드럽지만
어떤 단단함도
허물어버린다

세상에서 가장 유연한 것이 세상에서 가장 단단한 것을 부릴 수 있다.

형체도 없는 기는 빈틈 없는 물체를 꿰뚫을 수 있다.

이를 통해 나는 무위의 좋은 점을 알게 되었다.

말없는 가르침과 무위의 좋은 점은 천하의 어느 것과도 비교할 수 없다.

물은 더없이 부드럽지만 산을 뚫고 땅속으로 스며든다. 부드러움이 강함을 이긴다는 건 너무나도 분명한 이치다.

생명보다 귀중한 것은?

명성과 생명 중 어느 것이 더 나에게 가까운가?

생명과 재물 중 어느 것이 더 소중한가?

명리(名利)를 잃는 것과 생명을 잃는 것 중 어느 것이 더 큰 해가 되는가?

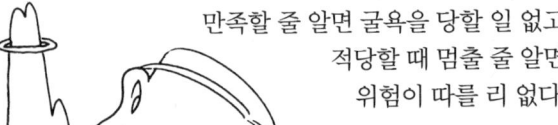

지나친 명예욕은 많은 대가를 치르게 마련이다.

재물을 너무 많이 쌓아두면 반드시 심각한 손실을 입게 된다.

만족할 줄 알면 굴욕을 당할 일 없고 적당할 때 멈출 줄 알면 위험이 따를 리 없다.

사람은 자신의 몸과 생명을 아끼고 명리를 지나치게 좇아서는 안 된다. 명리를 얻고 생명을 잃는다면 보상받을 수도 없게 된다.

완전한 것은 이지러져 보인다

가장 완전한 것은 오히려 이지러져 보이지만, 그 쓰임은 영원히 멈춤이 없고

꽉 들어찬 것은 텅 빈 것 같지만, 그 쓰임은 그치지 않는다.

크게 곧은 것은 구부러진 것처럼 보이며

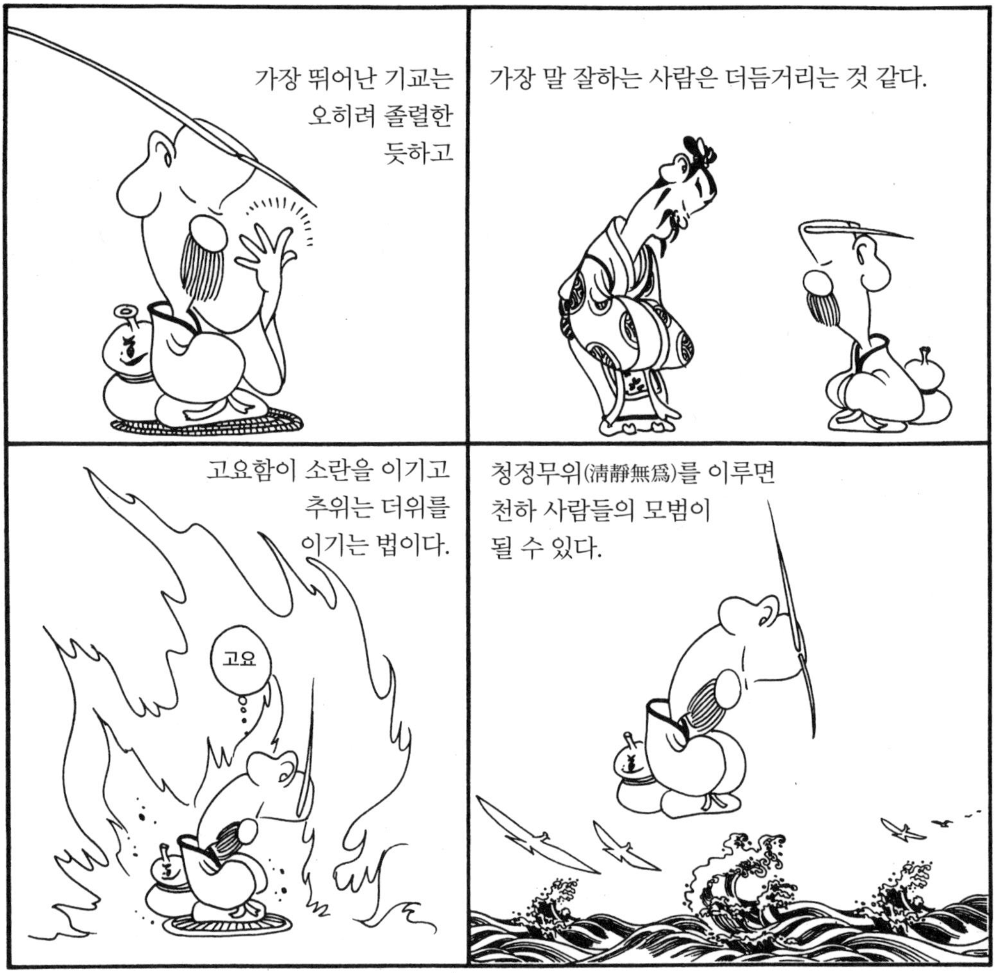

가장 뛰어난 기교는 오히려 졸렬한 듯하고	가장 말 잘하는 사람은 더듬거리는 것 같다.
고요함이 소란을 이기고 추위는 더위를 이기는 법이다.	청정무위(淸靜無爲)를 이루면 천하 사람들의 모범이 될 수 있다.

완성된 인격은 겉으로 드러나는 것이 아니라
내면에 함축되어 있는 생명력으로 표현된다.
도의 실체는 맑고 고요하지만
그 작용은 조급함을 이기고
자연에 순응하면 천하의 모범으로 삼을 수 있다.

만족할 줄 알면 전쟁은 없을 것이다

천하에 도가 있으면 사람들은 만족할 줄 알고, 멈출 줄도 알며, 나라들 간에도 평화롭게 지낸다.

전쟁이 자취를 감추면 전장에서 달리는 말도 논밭을 가는 데 쓰인다.

그러나 천하에 도가 없으면 사람들은 명예와 이익을 다툰다.

나라끼리 전쟁이 끊이지 않으면 새끼 밴 암말조차 전장에 끌려가 들판에서 새끼를 낳는다.

문밖에 나가지 않고도 천하를 안다

만사 만물의 원리는 멀리 있지 않고 우리들 마음속에 있다.

나를 반성하며 사사로운 욕심을 버린다면 문밖에 나서지 않고도 천하의 이치를 알며, 창밖을 내다보지 않아도 자연의 법칙을 이해할 수 있다.

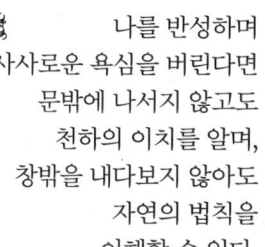

대문을 나서 멀리 가면 갈수록 아는 것이 더 적어진다.

따라서 성인은 멀리 나가지 않아도 세상의 이치를 명료하게 알 수 있다.

인위적으로 조작하지 않아도 만물은 스스로 잘 자라난다.

마음속 깊은 곳은 거울같이 투명하니 욕심을 버리고 마음의 장애를 없애면 바깥의 사물을 꿰뚫어볼 수 있다.

천하를 취하는 데도 무위의 효과는 위대하고 절대적이다

학문을 하면 날마다 늘고
지식과 견문이 날로 깊어가는군.

도를 추구하면 매일 줄어드니 줄고 또 줄다가 무위의 경지에 이르게 된다.

욕망이 줄어드는군!

함부로 망령된 행위를 하지 않으면 못 이룰 일이 없다.

첫째도 법
둘째도 법
셋째도 법
넷째도 법

복잡하고 번거로운 법령들만으로 나라가 다스려지는 건 아니다. 나라는 항상 소란스럽지 않게 조용히 다스려야 한다.

학문은 욕망을 더해주기 때문에 온갖 거짓과 번뇌가 일어난다. 도를 추구하면 지식을 덜고 욕망을 없애니 마음이 맑아지고 비게 되어 무위(無爲)와 무사(無事)의 경지에 이르게 된다.

이상적인 정치

성인은 선입관이 없어 백성의 의견을 자기 의견으로 삼는다.

착한 사람은 착하게 대하고 착하지 못한 사람도 착하게 대해야 모두가 착함을 따른다.

선

진실한 사람은 진실하게 대하고 그렇지 못한 사람도 똑같이 대해야 모두 신의를 지킨다.

신의

성인이 임금으로 있을 때는, 자신의 뜻을 억제하고 인심을 순하게 회복시켜서 백성들이 귀와 눈을 기울여 우러러보고, 성인은 그들을 아기저럼 사랑하고 보호한다.

이상적인 정치가는 자신의 욕망을 억제하고 주관적으로 옳고 그름, 좋고 싫음을 판단하지 않으며 모든 백성을 친절하고 성실하게 대해야 한다.

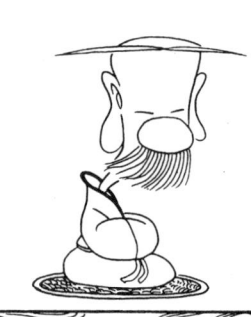

칼이 아무리 예리해도 생명을 소중히 여기는 사람에게는 쓸 수 없다고 한다.

도대체 무슨 이유일까?

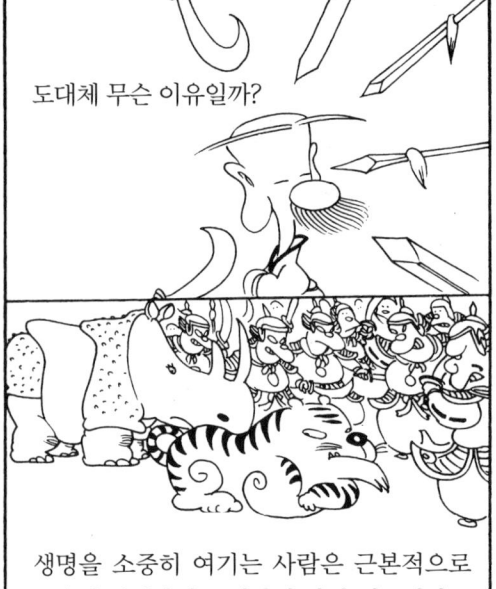

우리는 생활 속에서 수많은 호랑이와 우리를 겨누고 있는 칼들을 만난다. 성(聲), 색(色), 재물, 이익, 교만, 사치, 음란, 사악 등이다. 만일 조심하지 않으면 곧 화를 당할 것이다. 그렇지만 우리가 마음을 안정시키고 언행을 신중하게 하며 다투지 않는다면 해를 입지 않을 것이다.

생명을 소중히 여기는 사람은 근본적으로 죽음의 경지까지 들어가지 않기 때문이다.

그러므로 도는 만물을 낳고
덕은 만물을 기르며
만물을 성장시키고
열매도 맺게 하고
보살펴준다.

만물을 창조하고도
자기 소유로 삼지 않고
기르고도 내세우지 않으며
자라게 하면서
다스리지 않는다.

이것이야말로 최고로 깊은 덕이다.

도와 덕은 만물을 낳고 모든 것의 근본은 자연에 있다.
만물을 지배하지도 간섭하지도 않으며
자연에 순응하여 성장하게 내버려둔다.
이런 사리사욕이 없는 것이 도덕의 위대함이라고 말한다.
따라서 만물로부터 존경을 받는다.

온갖 욕심에 가려 흐려진 선량한 천성을 되찾는 법

천지만물의 모든 것에는 그 시작이 있고, 그것이 모든 것의 근원이다.

도.

만약 근원을 안다면 그건 어머니가 되고 어머니에서 생성되는 아들, 즉 천하만물이 나타난다.

그 아들인 만물을 알고 그 어머니인 도를 지킬 줄 알면 평생 위험하지 않다.

정욕의 구멍을 막고 사욕이 들어오는 문을 닫으면, 그 몸이 평생 수고롭지 않을 것이다.

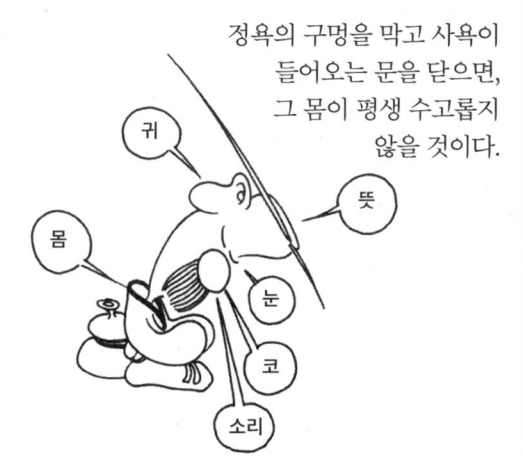

귀
뜻
몸
눈
코
소리

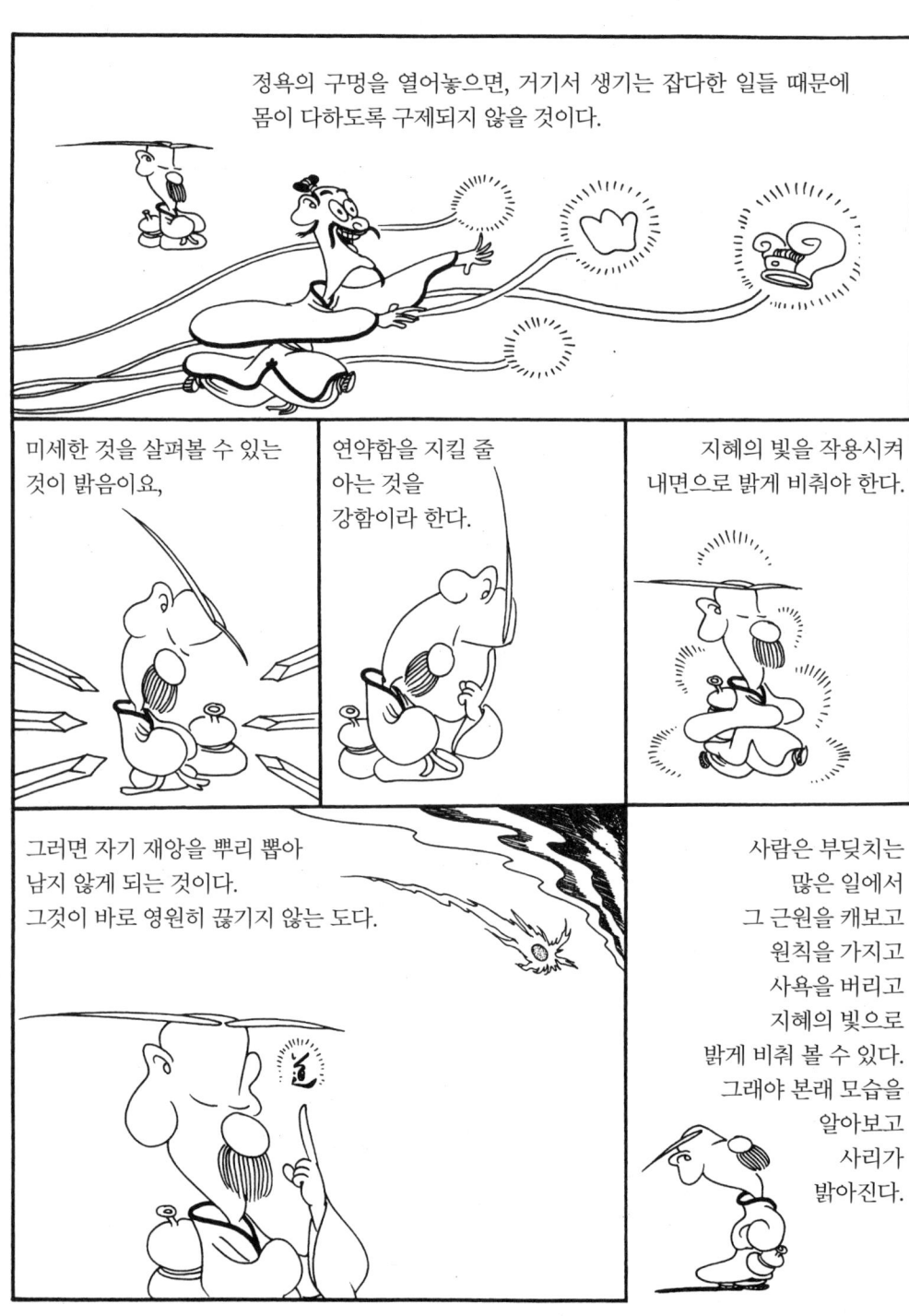

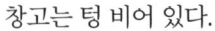

또한 비록 남녀의 교합을 알지 못해도 생식기가 자주 발기해 있으니
정기가 충만한 까닭이다.

하루 종일 울어도 목이 쉬지 않으니
원기가 순박하고 조화롭기 때문이다.

이 부드러움과 조화를 아는 것은
늘 그러한 도리를 아는 것이다.
늘 그러한 도리를 아는 것은
밝음이라 한다.

늘 그러한 도리를 모르고 쾌락을 탐닉하며
지나치게 양생(養生)을 추구하면 재앙이 찾아든다.

온갖 욕심을 갖고 생리적 본능을 추구하는 사람은 강해 보일 수 있다.

그러나 만물은 강성해지면 곧 쇠퇴하기 시작한다.

강함은 도에 합당하지 않다. 도에 합당치 않으면 태풍이나 소낙비처럼 금방 사라지고 만다.

사람이 처음 태어났을 때는 지식도 욕망도 없어 덕성(德性)이 가장 두터운 때라고 할 수 있다. 나이들수록 욕심이 깊어지고 거짓이 늘어나 도덕을 잃어간다. 도를 깨닫는 사람은 갓난아기처럼 연약하고 순진하며 생기가 충만하고 자연에 순응하며 자유롭게 지낼 수 있는 것이다.

**아는 자는 말하지 않고
말하는 자 알지 못한다**

지혜로운 자는 도의 오묘함을 알기에 부지런히 실천하지만 감히 많이 말하지 않는다.

하루 종일 수다 떠는 사람들은 도를 전혀 모른다.

날카로움을 드러내지 않고
혼란을 해소하며
그 광채를 부드럽게 하면
세상과 잘 어울려 살 수 있다.
이것이 신비롭고도 동등해지는 경지다.

완전히 초연하고 담백하고 욕심이 없는 사람들은 가까이할 수도 멀리할 수도 없고 이로움을 줄 수도 해를 끼칠 수도 없다. 이런 경지에 도달한 사람이야말로 세상에서 가장 뛰어난 자다.

이상적인 인격 형태는 날카로움을 꺾고 얽힌 것을 풀고 조화롭게 세상과 어울려 현묘한 도와 하나되는 최고의 경지를 말한다.

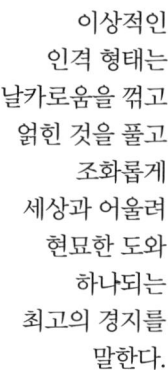

법이 삼엄할수록
도적이 들끓는다

**사람을
다스리고
하늘을
섬기다**

나라를 다스리고 심신을 보호하는
가장 좋은 방법은
정신을 소중히 여기는 것이다.

왜냐하면 정신을 소중히 여겨야
재앙이 닥치기 전에 도에 복종하기 때문이다.

빨리 도에 복종해야
덕을 두텁게
쌓을 수 있다.

덕
…

무위,
무소,
불위…

그리하면
청정무위의
자연스러움에
도달하여
어떤 일도
극복할 수
있다.

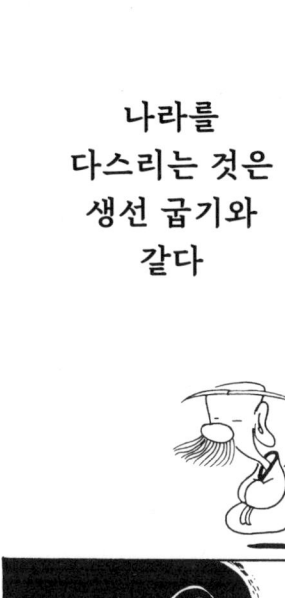

나라를 다스리는 것은 생선 굽기와 같다

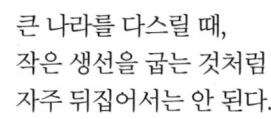
큰 나라를 다스릴 때, 작은 생선을 굽는 것처럼 자주 뒤집어서는 안 된다.

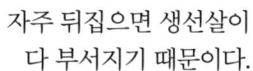
자주 뒤집으면 생선살이 다 부서지기 때문이다.

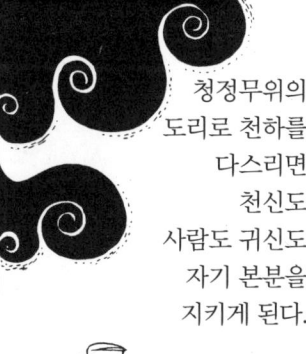
청정무위의 도리로 천하를 다스리면 천신도 사람도 귀신도 자기 본분을 지키게 된다.

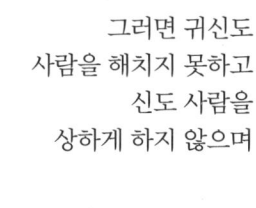
그러면 귀신도 사람을 해치지 못하고 신도 사람을 상하게 하지 않으며

성인 또한 사람에게 해를 입힐 리 없다.

위로 임금과 아래로 백성들이 서로 해치지 않기 때문에 천하가 태평해진다.

정치의 핵심은 소란스럽지 않고 조용해야 하고, 청정무위의 도리를 할 수 있으면 모든 사람들이 각자의 삶을 평화롭게 살 수 있다.

힘 있는 사람이 자기를 낮추어 겸손하면 전체의 균형과 평화를 유지할 수 있다

큰 나라는 강이나 바다와 같다.
맨 아래에 있기에 천하가 모여든다.

큰 나라는 천하의 암컷이다.
암컷은 부드럽고 고요함으로써
수컷의 강함을 이긴다.
자기를 낮추기 때문이다.

따라서 큰 나라가 작은 나라에게
겸손하고 자신을 낮추면
작은 나라들이 모여들고,
작은 나라가 큰 나라에 겸손하고
낮추면 큰 나라에 받아들여진다.

천하에서 가장 귀한 것은 도다

도는 만물 중에 가장 존귀하다. 선한 사람은 도를 향하여 입신하고 도를 보배로 여기고

선하지 않은 사람도 감히 도를 어기지 못하고 언제나 지킨다.

도를 닦아 선한 사람은 아름답게 말하므로 사람들을 감동시켜 존경받고, 행동도 아름다워 타의 모범이 될 수 있는데, 선하지 않은 사람이라 해서 어찌 도를 버릴 수 있겠는가?

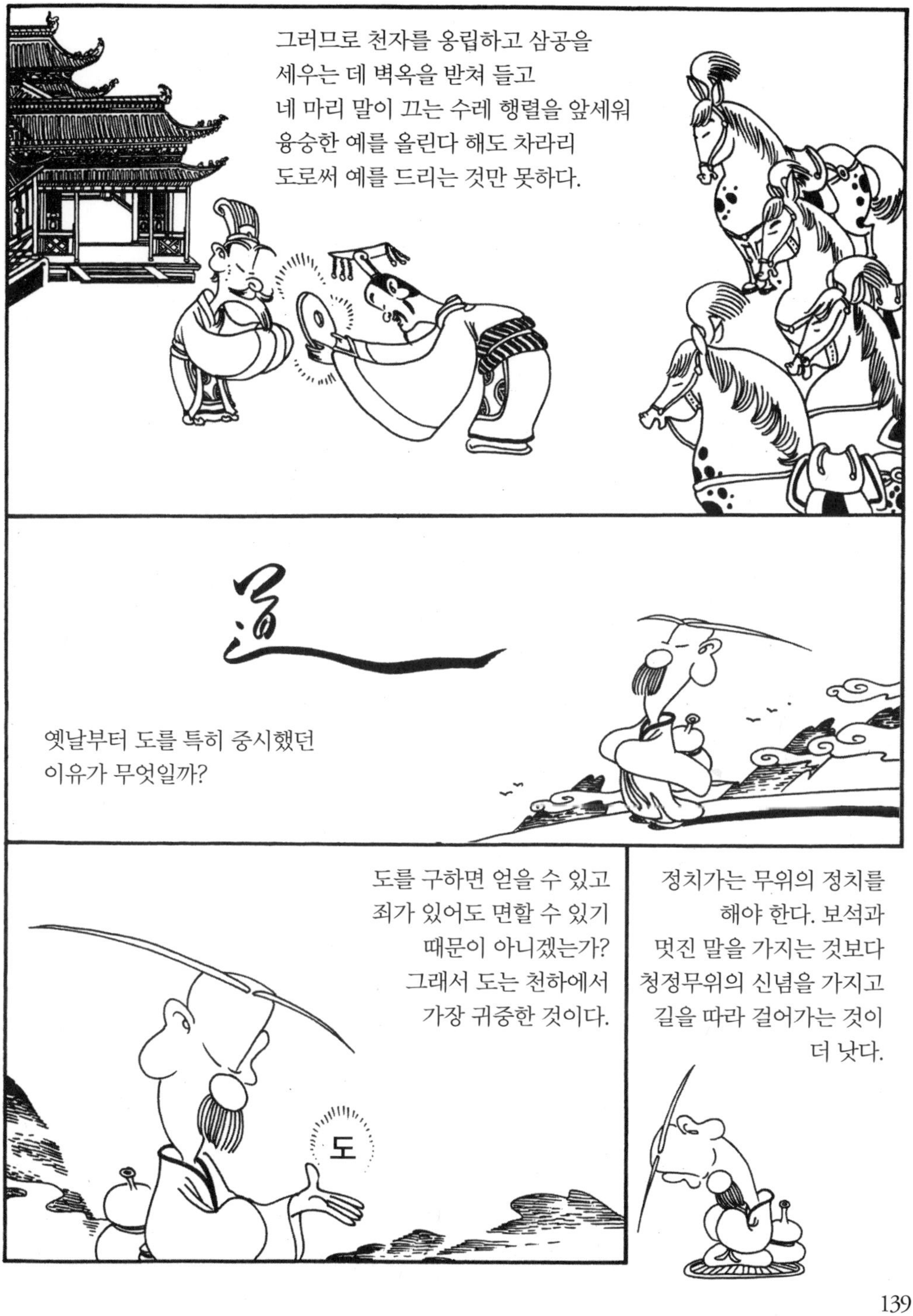

그러므로 천자를 옹립하고 삼공을 세우는 데 벽옥을 받쳐 들고 네 마리 말이 끄는 수레 행렬을 앞세워 융숭한 예를 올린다 해도 차라리 도로써 예를 드리는 것만 못하다.

옛날부터 도를 특히 중시했던 이유가 무엇일까?

도를 구하면 얻을 수 있고 죄가 있어도 면할 수 있기 때문이 아니겠는가? 그래서 도는 천하에서 가장 귀중한 것이다.

정치가는 무위의 정치를 해야 한다. 보석과 멋진 말을 가지는 것보다 청정무위의 신념을 가지고 길을 따라 걸어가는 것이 더 낫다.

**천하의
어려운 일은
쉬운 데서
시작한다**

성인이 나라를 다스릴 때는 무위를 정치의 근본 삼고 무사를 행정 원칙으로 삼으며 사리사욕 없는 태도로 세상을 다스린다.

무위
무사
탐욕 없음

어려운 일을 처리할 때는 쉬운 데서부터 시작하고

원대한 목표를 실현시키려면 반드시 미세한 데서부터 시작한다.

천하의 어려운 일은 반드시 쉬운 데서 시작하고
천하의 큰일은 극히 작은 것에서부터 시작된다.

 易

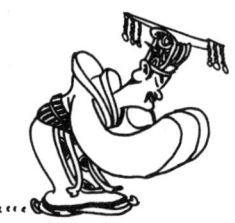

難

큰일을 이루기 위해서는 한 걸음씩 착실히 나아가야

안정되었을 때 유지하기가 쉽고
드러나지 않을 때 도모하기가 쉽다.

약한 물건은 쉽게 깨지고
작은 물건은 쉽게 흩어진다.

그래서 일은 싹트기 전에 처리하고 혼란이 시작되기 전에 방비해야 한다.

**지혜로 다스림은
나라의 해독이요
순박함으로 다스림은
나라의 복이다**

옛날에 도를 실천하면서 나라를 다스린 자는 백성들이 영리하게 살기를 바라지 않고, 오직 순박하게 살기를 바랐다.

백성을 어떻게 다룰지….

백성을 다스리기 어려운 건 그들이 너무 영리하고 교활하기 때문이다.

정부를 골탕 먹이자.

간교한 지혜로 나라를 다스리면 재앙이 되고, 간교하게 다스리지 않으면 나라의 복이 된다.

나라를 다스리는 이 두 가지 방식의 차이를 이해하며,
버릴 것과 취할 것을 선택하면 그것이 곧 법칙이다.
이 법칙을 늘 새겨두고 실행에 옮기면
현묘한 덕을 얻었다고 할 수 있다.

이건 해!
완전하게!
강하게!

무위 하게!
모자 라게!
약하게!

이 현묘한 덕은 심오할 뿐만 아니라 오래도록 멀리 함께한다.
그것이 비록 일과 사물에 반대되지만 이를 따라 행하면
오히려 자연에 순응할 수가 있다.

난세의 원인은 모두가 자기 재능을 과시하며 경쟁하고, 이로 인해 나라가 평화롭지 못하기 때문이다. 모두가 세속적 가치에 관한 분쟁을 버리고 단순함으로 돌아갈 때만 사회에 평화가 찾아온다.

성인은 백성 앞에서 항상 머리 숙여 겸손하기 때문에 지지를 얻는다

강과 바다가 온갖 골짜기 물의 왕이 되어 모든 물이 흘러든다. 그건 스스로 낮은 곳에 있기 때문이다.

성인이 백성들을 이끌려면 반드시 스스로를 낮추어야 하며, 앞에 서려면 반드시 자기의 이익을 백성의 뒤에 두어야 한다.

그래야 성인이 위에 있어도 백성들은 부담을 느끼지 않고, 앞에 있어도 해가 된다고 느끼지 않는다. 백성들은 좋아서 그를 기꺼이 추대할 것이다.

그가 사람들과 다투지 않으니 천하의 그 누구도 그와 다투지 못한다.

통치자가 권세를 쥐었다고 함부로 무모하게 행동하면 백성은 그 고통을 견딜 수 없다. 백성들에게 피해와 짐을 지워선 안 된다.

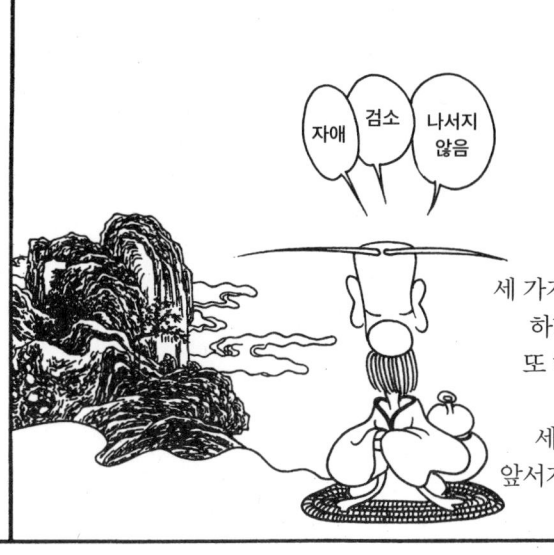

만약 자애롭지 못하면서 용감하다면,

검소하지 못하면서 장차 널리 베풀려고만 하면,

다투어 사람들 앞에만 서려 하면 반드시 죽음의 길에 들어서게 될 것이다.

세 가지 보배 중 자애로움이 제일 중요하다. 자애로움으로 전쟁하면 이길 것이요, 자애로움으로 지키면 단단할 것이다.

하늘은 자애로운 사람을 도우며 지켜줄 것이다.

사랑에 동정심을 보태면, 인류가 우호적으로 사는 기본 동력이 될 것이다. 사람마다 능히 만물을 큰 사랑으로 대한다면 분쟁은 사라질 것이다.

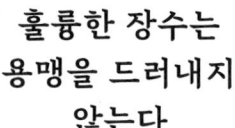

훌륭한 장수는 용맹을 드러내지 않는다

훌륭한 장수는 용맹을 드러내지 않고, 작전에 능한 사람은 쉽게 성내지 않는다.

적을 잘 이기는 자는 맞서 싸우지 않고

아니, 저들은 스스로 무너질 것이다!

저놈들, 다 죽이겠소!

사람을 잘 쓰는 사람은 스스로 낮춘다.

이것이 무력을 쓰지 않고 성내지 않으며 남과 다투지 않는 도덕이다.

이같이 할 수 있다면 자연의 도리에 합일된다.

무력과 성냄은 침략 행위다. 싸우지 않고 성내지 않고 강제와 폭력이 없으면 바로 자연의 도리에 가장 잘 어울린다고 할 수 있다.

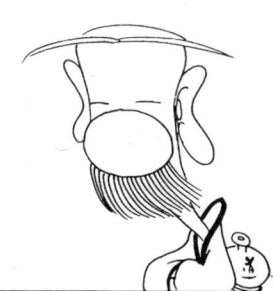

진정 강한 사람은 다투지 않고도 상대를 제압한다

고대에 용병술에 능한 사람이 이런 말을 했다.

나는 전쟁을 일으키지 않으며 수비만 한다. 싸움에 이기고자 한 치를 나아가기보단 한 자씩 후퇴하겠다.

이것은 진세(陣勢)를 펼쳐도 펼칠 진세가 없는 듯 보이고,

비록 팔을 쳐들어 휘두르려고 해도 들어 올릴 팔이 없는 듯하며,

비록 적과 대치하고도 마치 맞설 적이 없는 듯하며,

무력은 최후에만!

전쟁하지 않겠다는 자비심을 언제나 갖고 있어야 한다.

무기가 있어도 뽑아 쓸 무기가 없는 듯하고,

적을 가볍게 보면 나의 세 가지 보배를 잃게 될 것이다.

전쟁에서 스스로 무적이라 여기는 것보다 더 큰 재앙은 없으며

군사를 일으켜 싸울 때 자애로운 마음을 가진 쪽이 승리할 수밖에 없다.

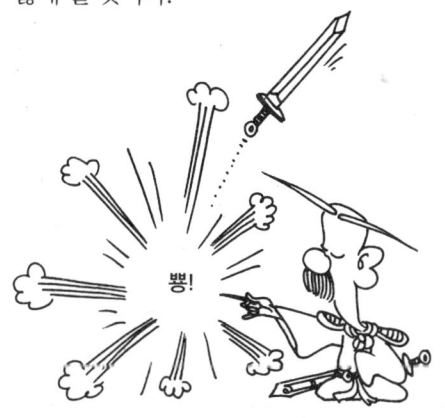

어쩔 수 없이 전쟁할 때는 먼저 적을 도발하지도, 침략하지도, 얕잡아보지도 말라. 함부로 무력을 써서는 안 된다.

나의 말은 쉬운데도 천하에 아는 사람이 없다

나의 말은 이해하기도 쉽고
실행하기도 쉽다.

그러나 세상 사람들은 모두 사리사욕에 눈이
멀고 명예와 이익에 현혹되어
내 말을 알아듣고 실행하는 사람은 드물다.

재산

이익

명예

나의 말에는
근원이 있고
나의 행동에는
근거가 있다.

자기의 무지를 자각하는 것이 성인의 모습이다

자기가 모르는 바가 있음을 알면 가장 훌륭한 것이다.

미안하오! 그쪽 방면은 잘 모르오.

모르면서도 스스로 안다고 여기는 것이야말로 가장 큰 잘못이다.

나는 모르는 게 없소, 시, 서, 화에 모두 능통하지요.

완전수박 겉 핥기네.

성인에게 이러한 결점이 없는 것은 잘못된 점을 잘못된 것으로 알기 때문이다.

어떤 사람은 사물의 겉모습만 보고 다 안다고 말한다. 자신의 어리석음을 알면 지혜로운 자이고 그것을 모른다면 정말로 어리석은 자이다.

가혹한 정치와 형벌은 반란과 혁명을 불러 일으킨다

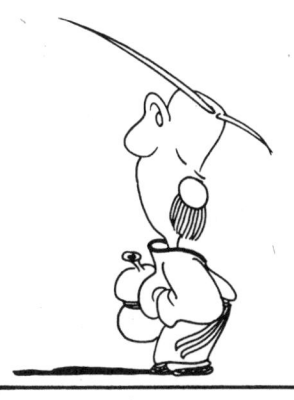

백성들이 통치자의 가혹한 정치와 형벌을 두려워하지 않게 되면,

엄청난 재앙이 닥치게 된다.

그러므로 통치자는 백성들의 생존을 위협해서는 안 되고,

쌀이 없어요!

가져와!

백성들의 생활을 억압해서는 안 된다.

통치자가 백성들을 억압하거나
착취하지 않으면
백성들은 그를 버리지 않고
높이 떠받들게 된다.

따라서 성인은 스스로 만인 위에 있음을
알고도 자신을 나타내지 말고,
스스로를 아끼면서도
고귀함을 드러내지 않는다.

그러므로 자신의 독단적인 견해와
고귀함을 버리고, 자신을 알고
사랑해야 한다.

폭정으로 백성들의
자유로운 삶을
억압하여 평화롭고
편안하게 살 수
없게 될 때에는 혁명과
반란이 일어난다.

**백성이 죽음을
겁내지 않으면
어찌 두렵게
하겠는가?**

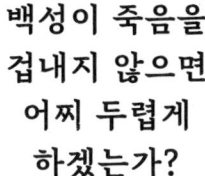

가혹한 폭정으로 핍박받던 백성이
죽음을 두려워하지 않고 반항한다면,
정치하는 자가 어찌 죽음으로
그들을 위협할 수 있겠는가?

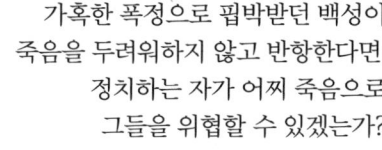

만약 백성들이
정말로 죽음을 두려워하고

사악한 짓 하는 놈을 죽인다면,
누가 감히 그런 짓을 하겠는가?

으악!

천지간 어두운 곳에
살생을 도맡은 자가 있으니
사람이 그 수고를
대신할 필요가 없다.

착취와 탄압은 정치적 혼란의 근원이다

백성이 배고픈 이유는 세금이 너무 가혹하기 때문이고,

다 가져가면 우리는 굶어 죽습니다.

백성을 다스리기 어려운 것은 통치자가 억지로 무언가를 하기 때문이며,

정책이 시도 때도 없이 바뀌니 어찌 합니까?

백성이 죽음을 가벼이 여기는 것은 통치자가 호화로운 생활을 하기 때문이다.

차라리 같이 죽는 게 나아!

그러니 욕심을 버리고 청정무위로 다스리는 통치자가 호화로이 욕심내는 것보다 마땅히 훨씬 훌륭하다.

착취와 탄압은 정치적 혼란의 근원이다. 횡포와 착취를 일삼으면, 백성들은 배고픔에 지쳐 항쟁하기 마련이다.

유연한 것은
생명력의 발휘이며
굳세고 경직한 것은
쇠퇴하여
죽어가는 것이다

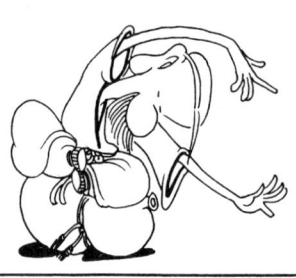

사람이 살아서는 몸이 유연하지만 죽고 나서는 뻣뻣하게 굳는다.

초목도 자라날 때는 부드럽고 연하다.

하지만 죽으면 바싹 말라버린다.

그러므로 강하고 단단한 것은 죽음의 무리이고,

부드럽고 약한 것은 삶의 무리다.

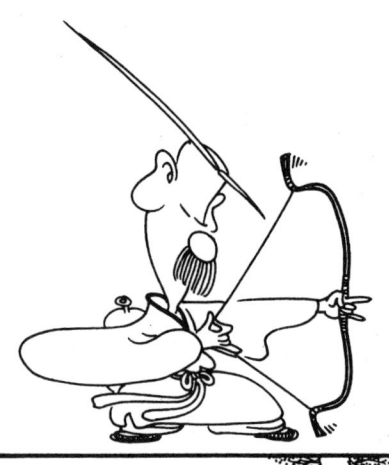

남는 것으로 부족한 것을 채우다

자연의 규율은 활시위를 당기는 것과 같다.

활시위가 높으면 눌러 낮추고

낮으면 들어 올리며,

길면 줄이고 짧으면 늘린다.

자연의 규율은
남는 것을 덜어
부족한 곳을 보충한다.

그러나 사회의 규율은
부족한 자의 것을 빼앗아
남는 자들에게 바친다.

아니, 이럴 수가?

받거라!

예.

누가 남는 것을 덜어
천하의 부족한 것을
채울 수 있겠는가?

오직 도를 지닌 자만이
그렇게 할 수 있다.

자연의 규율은
여유분으로 부족한 곳을 채워
조화와 평등을 이룬다.
사회도 자연의 평등과
조화의 규율을 배워 따라야만
원만하고 조화를 이룰 수 있다.

세상에 물보다 약하고 물보다 강한 것은 없다

세상에 물보다 유약한 것은 없다.

그러나 물은 단단하고 강한 것을 뚫는 힘이 있다.

그래서 성인은 말한다. 나라의 온갖 오욕을 감당하는 자는 임금이 될 자격이 있고, 나라의 환난을 감당하는 자라야 천하의 왕이 될 수 있다고.

물은 부드러운 성질을 가졌지만 물로 이기지 못하는 단단함과 강함은 없다. 부드러움은 어떤 강함과 단단함도 이길 수 있다.

사람들은 약함이 강함을 이기고, 부드러움이 단단함을 이긴다는 것을 그저 알 뿐이다.

하늘의 도란
관용으로
모든 사람과 일을
헤아리는
것이다

큰 원한이 생기면 화해해도 마음 깊이 앙금이 남는다.

당신 잘못이야!

그만들 다투시오.

무슨!

덕이 있는 자는 마치 차용증을 가진 듯 베풀거나 강요하지 않는다.

그러니 어찌 화해했다고 하겠는가? 그래서 성인은 차용증을 갖고 있을 뿐, 독촉하지 않는다.

덕이 없는 자는 마치 세금을 거두듯 독촉할 뿐 베풀지 않는다.

하늘의 도는 편애하지 않기 때문에 늘 좋은 사람을 도와준다.

정치가는 백성의 원망을 사면 안 된다. 세금으로 백성을 착취해서도 형벌로 해쳐서도 안 된다. 이상적인 정치는 덕으로 백성들을 교화하고, 돕고, 베풀며 괴롭히지 않는 것이다.

순박하고 작은 촌락의 나라가 이상적이다

이상적인 국가는 국토가 작고 백성도 적다.

귤 좀 주시오.

충돌과 분쟁이 없으니 각종 무기를 쓸 일이 없다.

가혹한 형벌과 포악한 정치가 없으니 백성들이 위험을 무릅쓰고 멀리 이사 갈 필요가 없다.

배와 수레가 있어도 탈 일이 없고,

갑옷과 무기가 있어도 펼쳐놓을 기회가 없다.

오십 년을 군인으로 살았으나 전쟁에 나간 적은 없소.

이웃 나라와는 서로 마주 보고 있어
개와 닭 울음소리까지도 들릴 정도지만

백성의 풍속이 순박하고
다들 특별히 필요한 게 없어서
죽을 때까지 서로 왕래하지도 않는다.
온 천하가 순박하기 그지없다.

나라가 작고 백성이 적으면
강제하지 않아도 사회의 질서가 유지되고
전쟁도 없고, 폭정도 없기 때문에
풍속이 순박하고 성실하다.
사람들은 불안할 일이 없고
뭔가를 잃어버릴까 걱정하지 않게 되니
욕심 없이 편안히 살 수 있다.

**하늘의 도는
만물에
이익을 준다**

진실한 말은
듣기에 좋지 않고

듣기 좋은 말은
진실하지 않다.

행동이 선량한 사람은
교묘하게 말을 꾸미지 않고,

교묘한 말을 좋아하는 사람은
선량하지 않다.

진정으로
우주의 대도를
이해하는 사람은
그것이 자기
마음속에 있음을
깨닫고 굳이
더 넓게, 더 많이
알아야 한다는
마음에 염려하지
않는다.

지식이 많다 해서 진정
대도를 깨친 것은 아니다.

성인은 무엇도 남기지 않는다.
다만 정성을 다해
남을 도움으로써
자신이 더욱
풍요로워진다.

다른 이들에게 모든 것을 다 내주고도
자신은 오히려 부유해진다.
하늘의 도는 사심 없이 만물에
이익을 주고
어떤 해도 입히지 않는다.

성인은 이익을 주며
해를 끼치지 않는
하늘의 도를 본받아
남을 위해 다투지 않는다.
베푸는 자가 받는 자보다
행복하다는 이치를
깨달으면 남과 공명을
다툴 일이 없으니,
그야말로 위대한
도덕적 행위다.

성인은
하늘의 도에 순응하며
사회에 공헌할 뿐
남과 다투지 않는다.

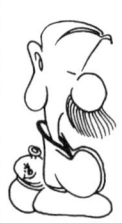

| 사람들이 말하는 노자경 |

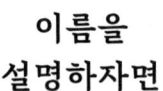

이름을 설명하자면

- 도덕경 제1장 -

무진장(無盡藏) 비구니가 육조(六祖) 혜능(慧能)에게 말했다.

"저에게 열반경(涅槃經)을 해석해주십시오."

"나는 글을 잘 모르니, 당신이 경문을 읽어주시오. 그러면 내가 그 속의 진리를 해석해주리다."

"글도 모르면서 어떻게 그 속의 진리를 이해할 수 있나요?"

"진리는 문자를 아는가 모르는가와는 상관없소. 문자는 우리의 손가락과 같으니.

손가락으로 달이 있는 곳을 가리킬 수는 있지만, 손가락은 달이 아니오. 우리는 손가락으로 가리키지 않아도 얼마든지 달을 볼 수 있잖소."

문자는 손가락과 같다.
손가락으로 진리를 가리키면
사람들은 손가락만 볼 뿐,
손가락이 가리키는 쪽에 있는
진리를 깊이 보지 못한다.

- 육조단경(六祖壇經)

도의 본성

- 도덕경 제25장 -

사성기(士成綺)가 노자를 만나러 갔다.

들자 하니 큰 지혜를 지닌 성인이라 하여 천 리 길을 달려왔소.

그런데 당신을 본 순간 크게 실망했소.

사성기는 자신이 노자보다 우월하다고 생각하던 중 뜻밖에 마음이 공허해짐을 느꼈다.

어제는 당신을 욕하며 내가 잘난 줄 알았는데, 마음이 공허하기만 하니 왜 이럴까요?

어제 오셨을 때는 싸울 것처럼 험악한 표정이더니

지금은 들판의 야생마가 갑자기 누군가에게 붙잡힌 것처럼 마음이 불안해져 본성을 잃어버린 것 같소.

예, 그럼 어떻게 해야 합니까?

본성을 잃은 사람을 자연의 도적이라 하오. 도를 닦고 싶다면 자연의 본성을 회복하도록 하시오.

도는 자연으로 돌아가는 것이며 도의 본성은 바로 자연이다.

덕을 쌓으려면?

- 도덕경 제38장 -

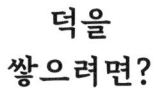

양무제(梁武帝)는 불법(佛法)을 아주 좋아해서 평소에 승복을 입고 잿밥을 먹으며 염불을 했다.

보통(普通) 8년 10월 1일, 달마조사(達摩祖師)가 양무제를 만나러 왔다.

내가 임금 자리에 오르고부터 승려들을 공양하고 절을 짓고 불경을 펴내고 불상을 만들어왔는데, 그 공덕이 어느 정도 되겠소?

그런 건 공덕이라 말할 수조차 없습니다.

아니! 공덕이 아니라니?

그런 것들은 모두 육도(六道) 중 작은 성과에 불과합니다. 모든 것은 미혹이 다시 살아난 것일 뿐, 마치 그림자가 사람을 따라다니는 것처럼 비록 좋은 뜻이라고 해도 진실이 아닙니다.

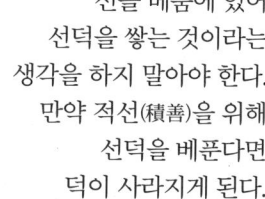

선을 베품에 있어 선덕을 쌓는 것이라는 생각을 하지 말아야 한다. 만약 적선(積善)을 위해 선덕을 베푼다면 덕이 사라지게 된다.

금하는 것이 많아지면 백성이 가난해진다

- 도덕경 제57장 -

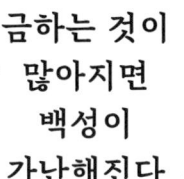

새를 잡기 위해 활 쏘는 방법을 많이 강구할수록 새들은 더욱 어지럽게 날고,

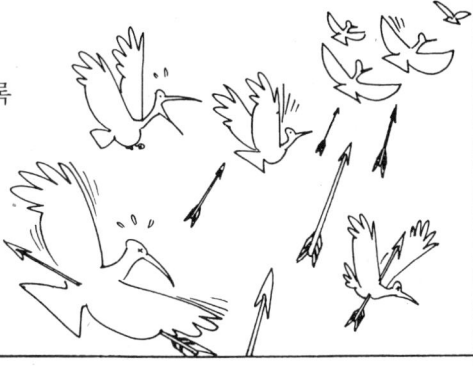

고기를 잡는 그물이나 낚시 바늘 등의 종류가 많아질수록 고기들은 어지러이 도망다닌다.

짐승을 잡는 함정과 덫이 다양해질수록 짐승들은 어지럽게 날뛰고,

사람의 지혜와 계략이 많아질수록 사기나 속임수가 많아질 것이다.

즉 인류가 간사한 지혜를 많이 쓸수록 세상은 큰 혼란에 빠진다.

세상에 금지하는 일이 많을수록 백성은 가난해지고, 정부가 백성을 강압하고 권모술수가 많을수록 국가는 혼란에 빠진다. 통치자의 기교가 교묘할수록 사악한 일들이 잇달아 발생할 것이다.